KB122166

젊은 소셜벤처에게 묻다

—

어떻게 비즈니스로 세상을 바꾸는가?

인터뷰와 글. 이새롬, 도현명

Contents

4 세상을 바꾸는 힘, 소셜벤처는 어떻게 성장하는가?

6 젊은 소셜벤처와 사회적 기업가를 응원하는 사람들

Prologue

10 더 나은 세상을 꿈꾸는 사람들 _ 이새롬

13 삶을 바꾸는 이야기에 초대합니다 _ 도현명

16 사회적기업과 소셜벤처, 무엇이 다른가요?

Story 01

18 드론 데이터 전문 기업 엔젤스윙, 박원녕 대표

24 하늘에서 바라보는 사회 문제, 해결 지도를 그리다

40 엔젤스윙의 소셜 프로젝트 '쪽방촌 리빙랩 프로젝트'

Story 02

44 착즙주스 전문 기업 머시주스, 문정한 대표

50 수익 창출과 사회적 역할 사이, 그 균형을 찾다

68 머시주스의 소셜 프로젝트 '빌리버블'

72 Tip _ 소셜벤처란 무엇인가? 사회적 가치와 혁신을 말하다

Story 03

78 예술 공유 서비스 기업 위누, 허미호 대표

84 젊은 예술가들, 플랫폼에 모이다

104 위누의 소셜 프로젝트 '아트업 서울'

Story 04

108 패션 진로 교육 기업 프로젝트 비욘드, 김경환 대표

114 꿈을 디자인하는 청년, 청소년에게 손 내밀다

128 프로젝트 비욘드의 소셜 프로젝트 '비욘드 더 드림'

Story 05

132 스마트 점자 교육기기 기업 오파테크, 김항석 이사

138 보이지 않는 삶, 손끝으로 바라보다

156 오파테크의 소셜 프로젝트 '탭틸로'

160 Tip _ 소셜벤처를 돕는 사람들

Story 06

168 고용형 사회혁신기업 히즈빈스, 임정택 대표

174 세상 밖에 살던 이들, 세상 속에서 일하다

194 히즈빈스의 소셜 프로젝트 '향기나눔지원센터'

Epilogue _ 선배에게 듣다

198 소셜벤처, 그 생태계의 성장을 기대하며

201 대한민국의 소셜벤처, 어디까지 왔는가?
    전(前) 한국사회적기업진흥원장 김재구 교수에게 듣다

213 기업은 어떻게 사회 문제를 해결하는가?
    글로벌 기반 임팩트 투자사 디쓰리쥬빌리 이덕준 대표에게 듣다

228 더 단단한 다음 걸음을 내딛는 소셜벤처들 _ 이새롬

231 기대 가득한 소셜벤처의 미래 _ 도현명

세상을 바꾸는 힘, 소셜벤처는 어떻게 성장하는가?

소셜벤처에게 가장 중요한 것은 공감 능력이다. 타인의 문제를 나의 문제로 받아들이고 이해하는 것이 모든 일의 시작이다. 그러려면 질문할 줄 알아야 한다. 스스로에게 그리고 사회에 질문을 던지고, 그 질문에 공감하고 답해야 한다. 그 질문을 절실하게 듣는 사회, 사람들과 새로운 판을 짜 나갈 때, 기존의 이해관계자들에게 상처 주지 않고 함께 성장할 수 있다고 믿는다.

위누 허미호 대표

소셜벤처가 성장하는 데 가장 중요한 것은 지속 가능성이다. 여기에는 수익 사업뿐만 아니라 소셜벤처와 그 조직 구성원의 자립과 행복도 포함된다. **문제 인식이나 혁신 기술도 중요하지만, 지속 가능하려면 그 일을 하는 우리들이 행복하게 일할 수 있어야 한다는 것을 잊지 말아야 한다.**

엔젤스윙 박원녕 대표

연대해야 한다. 작고 소외된 것들이 모여 선한 생태계를 정직하게 이뤄 가는 것이야말로 소셜벤처의 성장 비결이다. 물론 마음만으로는 성장할 수 없다. 당연히 탁월한 실력이 뒷받침되어야 한다. 때문에 소셜벤처 경영은 결코 쉽지 않다.

머시주스 문정한 대표

4

소셜벤처는 세 개의 반석 위에 세워진다. 장기 관점주의 반석,
이해관계자 기반의 경영주의 반석, 그리고 바른 지배구조 반석이
그것이다. 소셜벤처는 천천히 가도 바로 가야 하기에 멀리 바라보고,
그 과정에서 이웃과 공생해야 한다. 때문에 초기에는 창업 멤버들의
생각과 행동이 중요하며, 이후에는 초기 철학이 바르게 깃든 이들로
조직을 구성해야 한다. 이는 더디고 비효율적이지만, 바르게 오래
가는 방법이기도 하다. 그리고 바로 이것이 소셜벤처를 유지하는
밑바탕이 된다.

오파테크 김항석 이사

소셜벤처는 세 가지 힘으로 성장한다. 첫째는
강력한 비전이다. 사업 초기의 비전을 시간이
지나도 계속 유지할 수 있는지가 중요하다.
여기에는 열정과 끈기를 지닌 리더십이
필요하다. 둘째는 사회 문제를 해결하는 명확한
솔루션이다. 격변하는 오늘날의 사회 문제를
가장 적합하게 풀 수 있는 비즈니스 모델이
결국 그 기업을 오랫동안 살아남게 할 것이다.
마지막으로 전문성이다. 사람들의 편견을 깨고
전문성을 기반으로 새로운 시도를 할 때, 세상을
바꾸는 기업으로 성장할 수 있다.

히즈빈스 임정택 대표

공급자 중심의 생각을 버려야 한다. 소셜벤처는 다른 기업과
출발점부터 다르다. 우리의 서비스가 필요한 사람들, 즉
수요자와의 끊임없는 소통과 교류가 무엇보다 중요하다.

프로젝트 비욘드 김경환 대표

젊은 소셜벤처와
사회적 기업가를
응원하는 사람들

실패할지라도 세상을 한 걸음 나아가게 할 수 있는 일이라면,
이미 그 일을 하고 있는 것만으로도 큰 의미가 있다. 그 걸음들이
모여서 멋진 여정을 만들어낼 수 있을 테니까. 이 여정에 함께하는
모두를 진심으로 존경하고 응원한다. I marymond you.

마리몬드 윤홍조 대표

국내의 소셜벤처 기업가들을 인터뷰했던 그 어떤
글보다도 진솔하고 생생하다. 이 책은 **소셜벤처를
시작하려는 예비 기업가들에게는 앞으로 펼쳐질
여정의 예고편이 되어 줄 것이고, 이미 치열하게
소셜벤처를 운영하는 기업가들에게는 자신과
회사를 돌아보게 하는 거울이 되어 줄 것이다.**

루트임팩트 허재형 대표

도현명 대표가 아니었다면 나는
소셜벤처를 시작하지 않았을
가능성이 높다. 그렇다면 지금의
공신도 나도 없었을 것이다. 앞으로
이 책을 통해 얼마나 멋진 체인지
메이커들이 탄생할지 정말 기대된다.
세상을 좀 더 나은 곳으로 바꾸는 일에
관심 있는 모든 이에게 추천한다.

공신닷컴 강성태 대표

이 어려운 시대에 젊은 청년들이 각자의
영역에서 뜻을 세우고 달려가는 모습이 귀하게
느껴진다. **여섯 명의 소셜벤처 기업가들의
결단과 헌신, 그리고 그 청년들에게 조언과
응원을 보내는 선배들의 인터뷰**를 기록한 이
책이 값진 이유가 여기에 있다. 이 책은, 이후에
**이들과 같은 길을 가겠노라고 다짐하고 소명을
찾는 청년들에게 유익한 발자취**가 될 것이다.

분당우리교회 이찬수 목사

**1987년 청년들이 운동으로 사회 변혁을 이루었다면, 2018년
청년들은 벤처로 사회 혁신을 이루고자 한다.** 존경하는 두
선배님과 사랑하는 이 시대 청년 기업가들의 솔직한 경험과
생각에서 건강한 배움을 얻었고, 내 삶을 다시 한번 돌아보는 계기가
되었다. 이 시대의 청년들이 꼭 한번 읽어보길 추천한다.

크레비스 김재현 대표

청년 사회혁신가들과 함께 걷는 이 길이 즐겁고 행복하다. **세대를 넘어 서로를 존중하고 아끼며 오늘보다 더 아름다운 내일을 함께 만들어 나갈 수 있기를!**

한양대학교 경영대학 신현상 교수

기업의 가장 기본적인 존재 목적을 '돈을 버는 것' 또는 '이윤을 극대화하는 것'이라고만 말할 수 있을까? **이제는 기업을 경제적인 관점에서만 바라보기보다는 사회와 직원, 그리고 기업과 연관된 생태계의 건전성과 행복의 관점으로 사고를 전환할 필요가 있다.** 여기, 이렇게 사회 가치를 중심으로 사업을 하고 있는 젊은 소셜벤처 기업가들의 이야기가 있다. 보다 많은 사람들이 소셜벤처에 뛰어들고 이들의 노력이 결실을 맺을 때 우리 사회는 아마도 새로운 질적인 도약의 시기에 접어들 것이다. 우리 사회의 미래를 더 나은 방향으로 바꾸고자 하는 많은 젊은이들에게 그리고 그들의 꿈을 응원하는 많은 사람들에게 이 책을 권한다.

경희사이버대학교 미디어커뮤니케이션학과 정지훈 선임강의교수

지금 소셜벤처에 도전하는 이들 하나하나가 너무나 소중하다. **이들은 한국 사회의 고착화된 경로를 이탈하여 도전에 나섰다. 그들이 사회를 바꾸는 중요한 기반이 될 것이다.** 한국 사회의 변화를 볼 수 있는 유일한 희망이 이 깨어 있는 사회적 경제 분야에 있다.

명지대학교 경영대학 김재구 교수

남을 돕는다는 것은 길고도 어려운 일이다. 책에서
그 어려운 길을 걷는 젊은 소셜벤처 기업가들을
만날 수 있어 반갑다. **이들이 혼자 모든 짐을 지고
가려 하지 말고, 뜻을 함께하는 이들과 대화도
자주 나누고 서로 용기도 북돋아 주면서 같이
나아갈 수 있길 바란다.**

HGI 정경선 대표

소셜벤처 기업가들의 이야기에는 언제나 향기로운 여운이
남는다. '무엇을 할까'보다는 '왜 소셜벤처인가'를 치열하게
고민한 흔적이 있고, 자신들에게 혜택을 준 사람들에게
보답하는 대신 다른 사람에게 베푸는 페이 포워드(pay
forward) 정신이 있기 때문이다. 벤처기업가들에게
자본시장의 자본이 흘러가 ICT혁명을 일으킨 것처럼, 소셜벤처
기업가들에게 임팩트 자본이 흘러가면 또 다른 혁명이 일어날
것이다. 생각만 해도 가슴이 두근거린다. 청년 소셜벤처
기업가들을 응원한다.

가천대학교 최도성 부총장

소셜벤처에 투자하고, 그들이 많은 굴곡과 상황들을
이겨내고 끊임없이 앞으로 나아가는 모습들을 지켜보면서,
아무나 할 수 있는 건 아니란 생각을 많이 한다. **계속
좋은 벤처들이 등장하기 위해서는 생태계가 필요하다.
소셜벤처가 혁신 지향적인 생태계에서 생존할 수 있는
가능성을 높이고 조그마한 성공 케이스들을 만들어
나가면, 우리는 더 큰 문제를 볼 수 있고 그 문제를
해결해 나갈 혁신에 한 걸음 더 다가갈 수 있을 것이다.**

디쓰리쥬빌리 이덕준 대표

더 나은 세상을 꿈꾸는 사람들
이새롬

우리는 아침에 눈뜬 순간부터 잠들 때까지 세상의 많은 소식을 듣는다. 기쁜 소식도 있지만 주로 접하는 이야기는 마음 아픈 사건과 사고다. 힘들고 어려운 일, 난폭한 사건을 보고 있자면 이 세상 어디에서도 희망이나 소망을 찾기 어려울 것만 같다. 그래서였을까, 사회생활을 막 시작할 무렵 내 마음은 온통 두려움뿐이었다. 학교나 회사, 어느 하나 문제가 없는 곳이 없어 보였다.

그러다 문득 이런 생각이 들었다. 내가 접하는 뉴스들이 지나치게 부정적인 면에 치우쳐 있는 건 아닐까? 세상엔 매일 많은 문제가 발생하지만, 그 문제를 해결하려고 노력하는 사람들도 분명 있을 텐데, 그들의 노력에 너무 무관심했던 건 아닐까?

데이비드 본스타인은 저서 〈사회적 기업가와 새로운 생각의 힘〉에서 대부분의 뉴스가 문제에 초점을 맞추고 있으며, 해결책에 초점을 맞춘 정보들과 불균형을 이루고 있다고 지적한다. 왜 우리는 해결책에 그토록 무관심한 것일까? 문제의 해결책은 분명 문제보다 덜 자극적이고, 느리며, 그리고 훨씬 적은 횟수로 발생할 것이다. 하지만 그 느린 해결책 앞에서 끊임없이 인내심을 발휘하고 있는 사람들이 있지 않을까?

이 책은 각기 다른 과정에 서 있는 소셜벤처와 사회적 기업가의 성장 스토리를 담고 있다. 10년 이상 이 분야에서 일하고 있는 도현명 선배의 조언과 소개로 만난 여섯 명의 젊은 소셜벤처 기업가들 중에 어떤 이는 비즈니스 모델을 찾는 초기 단계에서 고군분투하기도 하고, 또 어떤 이는 자신이 보유한 혁신 기술로 해결할 수 있는 사회 문제를 찾는 과정에 있기도 하다. 그런가 하면 몇 년간 집요하게 해결책을 구축하고, 이를 지속할 시스템을 갖춰 안정적으로 소셜벤처를 운영하고 있는 곳도 있다.

인터뷰를 시작한 가장 명확한 이유는 더 살 만한 세상을 만들고자 노력하는 사람들이 있다는 걸 확인하고 싶어서였다. 세상의 기준에 흔들리지 않고 묵묵히 성장하고 있는 여섯 명의 소셜벤처 기업가, 그리고 두 명의 선배는 솔직하고 담담하게 자신들의 경험과 고민을 들려주었다. 저마다 다른 이야기였지만 이들은 모두 수익 창출과 사회 문제 해결이라는 두 가지 미션이 결코 분리되어선 안 된다는 일침을 던진다. 또한 수익 창출을 위하여 수단과 방법을 가리지 않고 목적을 향해 달려가는 기업들에게 기업의 가치와 사회적 책임을 묻는다. 나뿐만 아니라 독자들에게도 이 책이 기업들의 존재 의의는 무엇인지 질문을 던지는 계기가 되길 바란다. 그리고 여섯 개의 소셜벤처가 성장하는 과정을 엿보며, 자신의 삶에 내재하고 있는 동기를 발견할 수 있다면 더 바랄 나위가 없을

것이다. 타인의 삶을 살펴보고, 이웃과 함께 살아가기 위해 고민하
는 사람이 보다 늘어난다면, 우리 사회에도 더욱 좋은 소식이 많이
들려오지 않겠는가.

삶을 바꾸는 이야기에 초대합니다

도현명

2007년, 매우 즐거웠던 게임 회사를 그만두고 사회적 기업이라는 영역에서 비전을 찾기 시작했다. 그 파격적인 변화의 계기 중 하나였던 책 〈세상을 바꾸는 대안기업가 80인〉은 실뱅과 마티외라는 두 친구가 전 세계를 돌며 무수한 사회적 기업가를 만난 이야기를 담고 있다. 그들이 만났던 사회적 기업가들은 정말 세상을 바꾸고 있었고 나도 그렇게 세상에 변화를 일으키고 싶었다. 물론 본래 마음에 담고 있었던 벤처를 창업하여 세상에 영향을 미칠 수도 있었을 것이다. 그렇지만 이 책을 읽은 후 뭐라 꼬집어 말할 수 없는, 좀 더 이루기 어렵지만 그만큼 사회에 가치 있는 변화를 이루어 내고 싶다는 갈망이 생겼다.

그렇게 사회적 기업 영역에 발을 들인 지 이제 10년이 다 되었다. 아직 목표한 변화에 기여하고 있는지는 모르겠지만 강산이 한번 변할 만한 시간이 흘렀다. 그간 수많은 국내외 소셜벤처 기업가들을 만났고, 그들의 성장과 성공 그리고 때론 실패도 목격했다. 직접 진행했던 사업도 있었지만 내가 주로 하는 일은 특정 사회 문제를 해결하는 것이 아니라 사회적 기업이라는 생태계 안에서 소셜벤처 기업가들과 그 기업들을 세우고 지원하는 일이다. 때문에 10년이란 시간 동안 비교적 많은 기업가들을 만나고 또 경험할 수 있었다.

이새롬 박사가 소셜벤처 기업가들을 인터뷰하고 싶다는 말을 했을 때, 이 작업이 또 다른 누군가에게 새로운 고민과 방향 전환의 계기를 제시할 수 있지 않을까 하는 작은 기대가 생겼다. 내가 빈곤 퇴치에 앞장선 기업가 무하마드 유누스와 케냐 농민들을 위해 농기계를 보급한 마틴 피셔 등의 삶을 책으로 얕게나마 훔쳐보고 사회적 기업이라는 영역을 발견하여 환호했던 것처럼, 우리가 인터뷰하고 기록하는 어떤 기업가의 삶이 누군가에게는 좋은 사례와 용기로 전달될 거란 바람이었다.

국내에서는 2007년 이후 정부가 '사회적기업'이라는 단어를 법적으로 독점하여 우리는 '사회적 기업'이라고 풀어 쓰거나 혹은 성장형 기업인 경우 아예 '소셜벤처'로 분류해서 쓰고 있다. 명칭은 조금씩 달라도 과거 '대안기업'이라는 어색한 용어가 내 삶을 바꾸는 데 전혀 걸림돌이 되지 않았던 것처럼 결국 본질은 겉모양 또는 시대나 상황과 상관없이 통한다.

이 책은 아직 증명되지도 않은 성공에 대한 불필요한 과장이나 장식은 제거하고, 좀 더 본질에 다가가 소셜벤처 기업가들의 동기와 결단을 설명하는 데 더 힘을 기울이기로 했다. 이 영역에서 일하며 가장 많이 받는 진지한 질문이 '왜 이런 일을 시작했는가?'이고, 본래 사회적 기업과 일반 기업의 가장 큰 차이가 기업가의 창업 동기와 그 맥락에서 시작되기 때문이다. 그것만큼 소셜벤처의 본질을 잘 드러내는 영역은 없다.

또한 모든 사회적 기업이 그렇지는 않지만, 일부 소셜벤처는 위험을 감수하고서라도 성장을 추구하여야만 한다는 점을 주목하고 싶었다. 그것이 다자간 협력을 통해서건 글로벌 진출을 통해서건 혹은 기술이나 프랜차이징을 통해서라도 성장해야만 해결할 수 있고 대항할 수 있는 복잡한 사회 문제가 늘어나고 있기 때문이다. 그래서 우리는 이 책에서 그 성장을 위해 애쓰는 사회적 기업가, 좀 더 구체적으로 말하자면 소셜벤처 기업가의 성장과 고민을 담아내고자 했다.

내가 누군가에게 선물 받고 아무렇게나 던져 놓았던 책을 우연히 펴 들었던 2007년의 어느 밤처럼, 지금 이 책을 읽는 독자들도 소셜벤처 기업가들의 비전과 담금질해 낸 치열한 삶이 자신의 삶을 흔들어 놓은 순간을 경험하게 되길 바란다.

사회적기업과 소셜벤처, 무엇이 다른가요?

용어 일러두기

'사회적 기업'의 정의는 그 정의가 내려지는 사회와 정의를 내리는 조직에 따라 큰 차이를 보인다. 그럼에도 그 수십 가지의 정의를 관통하는 중요한 핵심은 '사회 문제를 해결하기 위하여 비즈니스를 선택한 조직'으로 요약할 수 있다. 즉 사회적 기업은 사회 문제를 해결하는 것이 궁극의 목적이다. 다만 그 사회 문제를 해결하기 위한 방안으로 비즈니스를 선택하였고 그래서 우리는 이 조직을 '기업'으로 명명하고 있다.

예를 들어 우리가 국내 빈곤 아동이 충분한 영양소를 섭취하지 못한다는 사회 문제를 해결하려는 동기를 가지고 있다고 하자. 이때 취할 수 있는 다양한 방법이 있다. 관련 비영리 조직에 들어가서 활동가가 될 수도 있고, 정치인이 되어서 해당 문제에 대한 입법을 진행할 수도 있으며, 교수가 되어 아동 빈곤 문제와 영양 섭취에 대한 연구와 교육을 할 수도 있다. 또는 그냥 회사에 다니며 돈을 벌어 기부하는 것도 방법이다. 그러나 사회적 기업은 그 문제를 해결하기 위해서 비즈니스를 한다.

한편, '기업'이라는 측면 역시 간과해서는 안 된다. 사회 문제를 해결하는 역량으로서 기업의 혁신성이 필요할 수도 있지만, 그에 앞서 기업으로서 가치가 있으려면 지속 가능한 수준의 수익을 창출할 수 있어야 한다. 때문에 모든 사회 문제가 사회적 기업으로 해결될 수 있는 것도 아니며, 그것이 도리어 옳지 않은 경우도 있다.

우리나라는 2007년 노동부의 주관으로 사회적기업 육성법을 시행하며 세계에서 유일하게 사회적기업을 법령으로 정하여 인증하고 있다. 이에 취약계층 고용을 주요한 가치로 하는 사회적기업이 많이 생겨났다.

참고로 사회적기업 육성법에서 정한 바 '사회적기업'이라는 명칭을 이용할 수 있는 조직은 노동부의 인증을 취득한 경우에 한하고 있다. 때문에 이 책에서는 사회적기업과는 별도로 '사회적 기업'이라는 일반 명사로 구분하여 사용하고 있다. 또한 이러한 사회적 기업 생태계 중에서 규모 있는 성장을 통해 사회 문제에 시스템의 변화를 만들어 내려는, 그래서 상당한 위험을 감수하고 초기부터 성장을 추구하는 조직을 국내에서는 '소셜벤처'라는 명칭으로 흔히 구분하고 있다. 이 책에서 사용하는 사회적 기업가라는 말은 기본적으로는 청년기업가와 성장에 중점을 두고 있기 때문에 '소셜벤처 기업가'가 가장 적합한 표현이라고 할 수 있겠다. 그러한 이유로 이 책에서는 소셜벤처와 사회적 기업을 혼용해서 사용하였으나 그 실제 의미는 소셜벤처에 가깝다.

드론 데이터 전문 기업
엔젤스윙
ANGELSWING

박원녕 대표

박원녕

고등학교 시절 미국에서 유학생활을 시작, 조지아 공과대학교에 진학해 항공우주공학을 전공했다. 대학 동아리 활동을 하며 드론을 만드는 일에 빠져들었다. 한국에서 대학생활을 누리며 벤처에 도전해 보고 싶다는 생각으로 2015년 서울대학교 교환학생을 지원했으며, 창업 수업에서 씨드머니를 받아 드론 기술을 기반으로 한 창업 프로젝트를 추진하며 프로젝트 팀 엔젤스윙을 만들었다. 그해 4월, 네팔에서 발생한 지진의 피해 복구를 돕기 위해 직접 네팔에 방문하여 드론으로 피해 마을의 지도를 만드는 작업을 했다. 이후 한국에 돌아와 '쪽방촌 지도 프로젝트' 등 드론을 활용하여 다양한 사회 문제에 대안을 제시했다. 2016년 학교를 휴학하고 프로젝트 팀 엔젤스윙을 법인 기업으로 전환, ㈜아이타스코리아를 설립했으며 2017년 법인 기업명을 엔젤스윙으로 변경했다. 2015년 9월부터 한국 소방재난본부의 드론 자문위원으로 활동하고 있다.

박원녕 – 드론 데이터 전문 기업 엔젤스윙

엔젤스윙

엔젤스윙은 드론을 통해 기업과 사회의 문제에 솔루션을 제공하는 기업이다. 2015년 박원녕 대표를 주축으로 한 대학생들의 창업 프로젝트 팀 엔젤스윙으로 시작하여 현재는 법인 기업으로 재탄생했다. 엔젤스윙은 드론으로 촬영한 사진 데이터를 자동으로 분석하는 웹플랫폼을 자체 개발하여 현실 세계를 2차원, 3차원의 고해상도 모델로 변환하여 제공한다. 이들이 제작한 지도는 건설업과 같은 산업체에서 사용될 뿐만 아니라 쪽방촌, 재난 현장, 환경 파괴 지역, 그리고 저개발 국가의 건설 현장 등에서 발생하는 여러 사회 문제에 쉽게 접근하고 해결책을 제시하는 도구로 활용된다. 엔젤스윙은 2015년 네팔 지진 피해 지역에 방문해 재난 현장을 드론으로 촬영하여 정밀 지도를 제작해 마을 복구에 기여했으며, 지도 제작 외에도 드론으로 의약품을 배달하고 네팔의 바그마티강 유역의 무허가 정착지 상태와 수질 환경을 모니터링하는 등의 성과를 냈다. 또 서울시와 협력하여 시내 곳곳에 있는 쪽방촌의 환경 개선과 소방 안전 확보를 위한 지도를 계속해서 제작하고 있다.

엔젤스윙(ANGELSWING)은 하늘을 나는 드론의 날개가 사회 문제 해소에 도움이 되는 좋은 일에 쓰이기를 바라는 마음을 담아 만든 이름이다.

하늘에서 바라보는 사회 문제, 해결 지도를 그리다

2016년은 드론의 해였다. 아마존이 드론을 활용한 배송 서비스를 본격화했고, 중국발 드론 업체들도 등장하면서 장난감부터 촬영 기기까지 드론은 각 분야에서 적극 활용되었다. 2015년 12월부터 2017년 3월까지 미국에 등록된 드론만 77만 대. 앞으로 땅을 달리는 자동차보다 하늘을 비행하는 드론이 더 많아질 수도 있다. 드론을 만들고 조정하고, 드론으로 모은 데이터를 활용하는 것도 각 분야의 실무에서 필수가 되고 있다. 대학에서는 2016년을 기점으로 드론학과를 만들기도 했다.

2016년 드론 한 대가 서울 창공을 가르며 날았다. 드론은 서울역 주변을 누비며 쪽방촌의 면면을 찍었고, 이 데이터로 지도를 만들었다. 바로 박원녕 대표가 운영하는 엔젤스윙의 드론과 지도였다. 중소기업도 부족한 기술력과 인력 탓에 외부와 협업을 하고 있는 상황에서, 엔젤스윙이라는 이 소셜벤처는 자체 개발한 드론으로 사회 문제 해결에 앞장선다. 처음 만난 그는 한눈에 봐도 앳되어 보이는 청년이었다. 미국의 대학에서 항공우주공학과에 재학 중이던 그는 왜 휴학까지 하며 한국에서 사업을 시작했을까? 인사를 마치자마자 박원녕 대표는 눈을 반짝이며 그동안 해 온 프로젝트 이야기를 풀어 나가기 시작했다.

시작은 우연에 가까웠다. 서울대학교에 교환학생으로 재학하며 들은 '창업실습론' 수업에서 학생들이 팀을 꾸려 직접 창업을 시도할 수 있도록 팀장에게 150만 원의 씨드머니를 주는 기회가 있었다. 씨드머니를 받은 그는 무엇을 할 수 있을지 생각했다. 공대생이

박원녕 - 드론 데이터 전문 기업 엔젤스윙

니 무언가 만들자 마음먹었고, 아이템을 고민하다가 드론을 선택했다. 미국에서 2년간 몸담은 동아리가 직접 만든 무인 항공기로 임무를 수행하는 국제 대회에 참여하는 곳이었던 덕에 기술은 낯설지 않았다. 아이템이 명확해졌을 즈음에 그는 이 프로젝트가 수업이 끝나면 종료될 거라 생각하지 않았다고 한다. 오히려 수업을 발판 삼아 명확한 목표를 향해 나아가겠다는 의지가 생겼다. 예상치 못한 씨드머니가 추진력을 주었고, 한번 불이 붙으니 사람들이 몰리고 방법이 생기기 시작했다.

드론, 네팔의 창공을 가르다

처음부터 소셜벤처를 창업할 생각은 아니었다. 좋은 환경 속에서 큰 어려움 없이 성장기를 보낸 박원녕 대표는 가난하고 억울한 사람들을 보면 마음이 쓰였고, 어려운 사람들을 보면 돕고 싶었지만 막연히 생각뿐이었다. 공대에 진학하고 나서는 기술로 역량을 펼치고 싶었고, 그 기술이 이왕이면 많은 사람을 돕고 사회를 더 좋은 곳으로 만드는 데 쓰였으면 좋겠다는 정도였다. 그 막연했던 생각이 구체화된 건 창업을 통해서였다.

창업을 준비할 때 사실 기술은 그에게 큰 문제가 아니었다. 그에게는 이미 드론을 만들 수 있는 기술이 있었고, 드론으로 할 수 있는 일 또한 많았다. 사람들이 들어가지 못하는 지역에 투입해 촬영하는 것은 물론이요, 사람의 힘으로는 불가능한 각도와 기동성도 갖추고 있다. 데이터와 정보 전달은 물론 위급 상황에 물품을 배송할 수도 있다. 문제는 손에 쥔 이 기술로 '어떤 일'을 할 것인가였다. 돈을 벌 수도 있겠지만 기왕이면 사회 문제를 해결하는 데 쓰고 싶었다. 처음엔 이슬람 무장단체(IS)에 고통 받는 마을들을 정찰하는 드론을 만들면 어떨까 생각했다. 하지만 기술뿐만 아니라 법적으로 발생하는 한계가 많았다. 무기를 만드는 것이기 때문이다. 실제 적용할 수 있는 방법이 아니란 생각이 들었다. 고민이 깊어가던 시점에 한 뉴스를 접했다. 네팔에 큰 지진이 났다는 안타까운 소식이었다. 2015년 4월, 네팔 카투만두 서쪽 지역에서 발생한 규모 7.9의 지진은 네팔, 중국, 인도, 파키스탄에 8400여 명의 사상자를 낸 극심한 자연재해였다. 뉴스를 접한 순간 박원녕 대표는 프로젝트의 방향을 결정했다.

"드론은 넓은 지역에 대한 정보를 빠르게 수집할 수 있다는 장점이 있어요. 재난 피해 복구를 위해서는 정확한 피해 현황을 파악하고 효율적으로 물자와 인력을 배분해야 하기 때문에 피해 지역을 한눈에 볼 수 있는 지도가 꼭 필요하죠."

드론을 만들 부품을 주문했더니 150만 원의 씨드머니가 동이 났다. 많은 사람의 목숨이 달린 일이었고, 제대로 만들어야겠다는 자존심과 사명감도 있었다. 서울대의 로봇동아리 시그마 인텔리젼스와 함께 드론을 만들며 부족한 비용은 크라우드 펀딩으로 모금을 했다. 모인 금액은 300만 원, 이 돈으로 추가 부품을 주문하고 네팔에 가는 교통비를 충당했다. 그러나 드론 기술이 있다고 해서 바로 작업에 착수할 수 있는 것은 아니었다. 당시 네팔은 위험지역

박원녕 - 드론 데이터 전문 기업 엔젤스윙

이라 여행자 입국조차 쉽지 않았다. 때문에 입국하기 전에 네팔에서 드론을 띄우는 데 도움을 줄 단체를 먼저 찾아야 했다. 최대한 효율적이고 직접적으로 프로젝트를 수행할 수 있는 방법을 찾기 위해 그는 오랜 시간 발품을 팔았다.

"시작은 했지만 정작 어떻게 문제에 접근해야 할지는 잘 모르겠고 초기에는 우리가 가진 드론으로 어떤 것을 할 수 있을지 머리를 싸매며 방방곡곡 소문을 내고 다녔어요. 친구들에게 드론으로 무언가 도움이 되는 일을 할 수 없을까 묻고 다니다가, 서울대에 재학 중인 네팔인 친구를 소개 받았어요."

마침 그 친구의 아버지가 카트만두 대학의 교수였다. 생각지도 못한 경로로 카트만두 대학과 연락이 닿았고, 대학에서 네팔 숙소와 내부 교통편 등을 지원해 주기로 했다. 그의 노력이나 의지만으로 해결할 수 없는 문제들이 산적해 있었지만, 방법을 찾으니 계속 새로운 길이 열렸다. 그렇게 몇 달의 기다림 끝에 드디어 네팔로 향했다.

당시 네팔은 지진으로 마을 하나가 완전히 파괴되었다. 박원녕 대표의 팀이 네팔에 도착한 것은 8월이었는데도 마을은 전혀 복구되지 않은 상황이었다. 박원녕 대표는 카트만두 대학교와 나흘 동안 무인항공기 워크숍을 열어 드론을 만드는 방법과 활용하는 방법을 알려 주었다. 카트만두 대학교와 박원녕 대표의 팀이 공동으로 준비하여 서로의 기술을 최대한 공유하고 현지에서 직접 드론을 만드는 것이 주 목적이었다. 지도가 있으면 피해의 규모가 얼마나 큰지 알 수 있다. 재해 복구에서는 재산 피해 규모를 파악하는 게 무척이나 중요한데, 지도 덕분에 마을 하나가 쉽게 정산 과정을 밟을 수 있었다. 오랜 시간이 걸리는 복구 프로세스를 지도로 손쉽게 단축시킬 수 있는 것이다. 카트만두 대학에서는 대나무로 집을 짓는 데 이 지도를 활용했다. 촬영한 범위가 넓지 않아 활용은 한정적이었지만 시간만 허락된다면 더 넓은 지역의 정보를 정부에 제공할 수도 있을 터였다.

그는 카트만두 대학이 드론을 활용한 재해 복구에 꾸준히 관심을 가지고 일해 주길 바라는 마음으로 기술을 이전했다. 재해 현장에 드론을 날려 복구에 필요한 데이터를 모을 수 있는지 검증을 하고, 실제로 모은 데이터로 지도를 만들어 드론과 함께 카트만두 대학과 마을에 기증했다.

프로젝트 팀의 한계를 경험하다

네팔에서의 경험을 밑바탕으로 그는 곧장 또 다른 프로젝트에 착수했다. 드론 사업으로 코이카의 CTS(Creative Technology Solution)에 도전한 것이다. 코이카 CTS는 혁신기술로 창업한 기업을 선정해 3억 원의 투자를 하는 프로그램이다. 이 프로그램은 기술로 개발도상국을 돕는 동시에 수익 창출의 가능성을 중요한 선정 기준으로 삼고 있다. 3억 원이라는 투자금은 드론으로 보다 다양한 사회 문제를 탐색할 수 있고 또 실제 도움도 줄 수 있는 큰 비용이다. 그는 이 프로그램에 선정되는 것을 목표로 총력을 다했다. 코이카 CTS 프로젝트를 준비하면서 팀원도 아홉 명으로 늘어났다. 그리고 상위 15개의 기업에 들어가는 쾌거를 달성했다. 그러나 최종 심사에서는 떨어졌다. 재학 중인 학생들로 이루어진 팀이라 지속적인 기업 운영이 어려울 수 있다는 우려 때문이었다. 대학을 수료한 팀원이 없다는 것이 한계로 다가왔다.

"사실 2학기 내내 전력을 다해 준비했기 때문에, 떨어졌을 때의 충격은 엄청났어요. 하지만 지금 다시 돌이켜보니 비즈니스나 사회 문제에 대한 접근, 그리고 해결 방식 등 많은 부분에서 현실을 인지하지 못하고 있었다는 걸 깨달았어요. 그래서 CTS 프로그램에 선정되지 않은 것이 오히려 다행이라는 생각이 들었어요."

심혈을 기울였던 코이카 CTS에 탈락하고 좌절하고 있을 때 네팔에 한 번 더 갈 수 있는 기회가 생겼다. 첫 번째 방문 때 지도 제작 외에도 도울 수 있는 일이 없을까 고민하고 아쉬워했는데, 서울대 글로벌 사회공헌단이 비행기 표를 지원해 주기로 한 것이다. 두 번째 네팔 방문에서 그는 지도 제작 외에도 새로운 기술에 도전해 볼 수 있었다.

네팔은 의약품이나 병원시설이 미비했다. 재해 복구가 다 되지 않아 어려움을 겪는 지역이 많았다. 때마침 아마존이 드론 배송 서비스를 개시하며 온라인 커머스와 ICT 업계에서 크게 주목을 받고 있었던 터라, 의약품 배송에 생각이 닿았다. 완벽한 기술은 어렵지만 아이디어 수준에서는 데이터를 모아 지도를 만드는 것보다 의약품 배송이 훨씬 쉬운 기술이었다.

2016년 1월 5일, 그는 다시 네팔로 향하는 비행기에 올랐다. 3천 미터 고지의 한 마을에 드론으로 의약품을 배송하는 시연을 했다. 첫 번째 방문에서는 작은 마을의 지도를 만들어 보고 카트만두 대학에 드론 제작 기술을 전수하는 데 집중했다면, 두 번째 방문에서는 의약품 배송과 보다 넓은 지역의 지도를 제작하는 등 더 다양한 일들을 도와주고 올 수 있었다.

그러나 프로젝트가 끝나고 한국으로 돌아온 박원녕 대표는 다시 고민을 마주해야만 했다. 지금까지 드론 기술로 의미 있는 일들을 해 왔지만, 학기가 끝나고 네팔 프로젝트가 종료되자 아홉 명의 팀원 모두가 떠났다. 애초부터 박원녕 대표를 포함한 초기 멤버세 명 이외에 나머지 팀원들은 사실상 단기 프로젝트를 함께하는 것이 목적이었다. 초기 멤버 세 명도 모두 아직 학생 신분이라 학업을 끝내야 하는 상황이었다. 그동안은 호기심과 의욕만으로 모여든 학생들이 집중하여 큰 성과를 만들어 냈지만, 단기 프로젝트로는 한계가 있었다. 동아리 같은 멤버 모집과 프로젝트 운영으로는 충분치 않았다. 보다 체계적인 조직과 시스템이 필요했다. 학교의 지원과 크라우드 펀딩으로 자금을 마련한 프로젝트 팀과는 달리 기업으로 거듭나려면 제대로 된 비즈니스 모델이 필요했다. 수익을 창출하고 지속 가능한 주체로 거듭날 필요가 있었다.

2016년 초, 박원녕 대표는 학교를 휴학하고 기존의 프로젝트 팀 엔젤스윙을 법인으로 전환하는 작업에 본격 착수했다. 엔젤스윙의 처음을 함께했던 두 명의 멤버들마저 학업을 위해 각자의 위치로 돌아갔다 보니 상의하거나 기댈 곳 없이 모든 과정을 혼자 해 나가야 했다. 겨울의 추위만큼이나 혹독한 1월이었다.

쪽방촌 지도 제작 프로젝트

복잡한 서류 작업과 비즈니스 모델을 준비하는 과정에서도 그는 드론 기술로 할 수 있는 다양한 프로젝트를 계속 진행했다. 쪽방촌 지도 제작 프로젝트도 그중 하나였다. 수업 과제 때문에 방문했던 한 동네에서 쪽방촌의 실태를 보고 박원녕 대표는 아연실색했다. 그가 있는 서울대에서 택시로 15분도 채 가지 않은 곳에, 구불구불 골목도 다 헤아리기 힘든 쪽방촌이 펼쳐졌다. 쪽방촌은 집들 사이의 간격이 좁고 오밀조밀하게 모여 있어 정확한 주소와 위치를 파악하기 어려웠다. 길이 좁고 경사가 가팔라서 겨울철이면 노인 낙상사고가 많았다. 연세가 많은 분들은 한 번 넘어져 골절이 생기면 회복이 쉽지 않아 문제가 컸다. 심각한 경우 사망사고로까지 이어졌다. 자원봉사자들도 찾아가기 어려워서 한곳을 오랫동안 방문한 사람이 아니면 집을 찾지 못하여 헛걸음을 하는 경우가 비일비재했다. 골목이 복잡하기 그지없고 정확한 지도나 자료도 없다 보니 응급차가 어디까지 진입할 수 있는지도 파악하기 어려웠다. 혹시라도 불이 난다면 소방차가 진입로를 찾지 못해 다닥다닥 붙어 있는 집들 사이로 순식간에 불이 번질 위험이 있었다.

엔젤스윙은 2015년부터 서울대학교 글로벌 사회공헌단에서 비용을 지원 받아 쪽방촌의 지도를 만드는 일을 해 왔다. 처음 드론을 띄운 곳은 서울시 관악구 삼성동에 있는 작은 달동네였다. 데이터를 모아 지도를 만든 후 그 자료를 기반으로 동네의 주민들을 인터뷰했다. 박원녕 대표는 상당히 많은 시간을 주민들과 봉사자들의 이야기를 듣는 데 투자했다. 쪽방촌에 거주하는 사람들과 직접 만나 대화를 토대로 지도에 필요한 범례들을 만들어 나갔다. 낙상 사고 지역, 가로등이 부서진 곳, 공용화장실, 공공시설 등을 표시한 지도를 만들었다. 범례를 중심으로 이곳에서 발생한 여러 가지 사건 사고를 조사했다. 지도 한 장이면 쪽방촌에서 발생하는 위급 상황들이 한눈에 들어왔다. 위험의 사각지대가 하나의 지도 위에 펼쳐지는 순간이었다.

지도를 만든다고 바로 사회 문제가 해결되진 않는다. 그러나 지도는 사회 문제를 좀 더 쉽게 해결하는 수단이 된다. 쪽방촌 지도에 필요한 정보를 기록하면 실제로 업무를 수행하는 기관에 전달해 활용할 수 있다. 가령 벤치가 필요한 곳에 직접 벤치를 만들어 줄 순 없지만, 지도에 표시해 각 기관에 전달하면 벤치가 필요한 정확한 위치를 파악해 설치할 수 있는 것이다.

드론으로 구석구석 측정한 지도는 무척이나 정밀하면서도 한눈에 파악하는 것이 가능했다. 최대한 쪽방촌의 문제를 정확하게 파악하여 한 번 드론을 날릴 때 빠짐 없이 정보를 수집하는 것이 중요했다. 지도를 배포하고 몇 개월 후에는 지도를 사용하며 발견한 불편함과 활용 정도에 대해서도 꼼꼼하게 피드백을 받았다. 이렇게 완성한 관악구 쪽방촌 지도를 바탕으로 박원녕 대표는 서울시에

박원녕 - 드론 데이터 전문 기업 엔젤스윙

쪽방촌 지도 제작에 관한 계획서를 제출했다. 2016년 1월, 법인사업자를 준비하고 있던 바로 그 시기였다.

그해 3월, 박원녕 대표의 드론이 서울시 시범사업화에 채택되었다. 엔젤스윙의 드론이 서울 하늘을 날아올랐다. 동자동을 중심으로 하늘에서 쪽방촌 구석구석을 촬영했다. 완성한 지도는 쪽방촌 상담소, 서울시, 서울 재난본부 등 필요한 곳에 배포했다.

사회적 역할과 수익 창출 사이에서

엔젤스윙은 2016년 4월 마침내 법인기업으로 재탄생했다. 직원 또한 박원녕 대표를 포함해 세 명으로 늘어났다. 그들이 보유한 드론 기술을 활용한 서비스를 상품화 시키는 것이 첫 목표였다. 드론은 여러 방면에서 두각을 드러내고 있는 기술이기에 수익 창출의 길도 그리 어려워 보이지 않았다. 넓은 지역의 데이터를 확보하는 드론 기술은 건설 현장 또는 넓은 부지를 관리하는 분야에서는 확실한 니즈가 있었다. 하지만 엔젤스윙의 목표는 단지 수익 창출만이 아니기에 어려움이 뒤따랐다. 팀원들과 서비스할 분야를 두고 기업의 역할과 가치에 대해 논의하며 내부 갈등이 생겼다.

많은 사회적 기업이 보통 오랜 시간 지역의 사회 문제를 이해하고 공감하며 집요하게 해결책을 파고들다가 방법을 모색하고 발견하는 것에 비해, 엔젤스윙의 경우 이미 드론이라는 '방법'이 손에 들려 있었다. 사회적 기업이 비즈니스 모델을 만드는 작업은 다른 벤처에 비해 조금 더 복잡하다. 기업이 추구하는 사회 가치의 발현이 비즈니스 모델 어딘가에 연계되어 있어야만 하기 때문이다. 특히나 구체적인 사회 문제 의식을 공유하며 출발한 것이 아닌, 역량이나 자원을 바탕으로 출발한 엔젤스윙과 같은 기업은 '어떤 일로, 어떻게 사회 가치를 실현할 것인가' 하는 고민을 맞닥뜨리는 순간이 꼭 한 번은 온다. 초기의 엔젤스윙은 우선 건설 현장의 변화들을 빠르게 지도화 하는 일을 수익 창출의 방법으로 삼았다. 건설업은 미국에서 드론을 가장 적극 활용하는 분야이기도 하다. 니즈도 많고 수익을 창출하기에 쉬운 방향이지만 수익 창출 방법이 사회 문제 해결과 직접 연결되지 않는다는 점에서 엔젤스윙과 방향이 달랐다. 때문에 그곳에 몸담은 이들에게 많은 고민거리를 가져다 주었다.

박원녕 대표는 다시 처음으로 돌아가 이 기술로 무엇을 할 것인지를 정해야 했다. 의미를 앞세워 좋은 일을 하는 것도 좋지만, 이제는 동아리가 아니기에 의지와 사명감만으로 봉사 차원의 프로젝트에 머무를 수는 없었다. 지속 가능한 기업을 운영하려면 학교나 서울시와 함께하는 단기 프로젝트가 수익 창출의 전부가 될 순 없었다. 물론 2016년 당시 엔젤스윙처럼 완성도 높은 드론으로 직접 지도를 제작하는 소셜벤처가 많지 않았기 때문에, 창업대회나 특강, 사회 문제와 연관된 단기 프로젝트에 중점적으로 참가할 수도 있었지만 몇 개월만 지나도 지속력이 떨어질 게 명확했다. 법인 기업에 걸맞은 적절한 비즈니스 모델이 필요했다. 팀원들과의 대화가 절실한 순간이었다. 기업이 앞으로의 방향, 지향점을 정하는 데 소통은 반드시 필요한 과정이었다.

"기업이 성장해야 지속 가능하다는 점에서 수익 창출은 포기할 수 없는 부분입니다. 누군가를 도와주기만 한다면, 차라리 그 미션을 수행하는 것이 쉬울 테지만 수익을 창출하면서 누군가를 돕는 것은 정말이지 쉽지 않은 문제였어요. 그때도 지금도 가장 고민하고 있는 것은 어떻게 하면 자생 가능한 기업을 세우냐는 것이죠. 엔젤스윙은 데이터를 지도로 만들어 주는 것이 비즈니스 모델이기 때문에, 빠르게 변화하는 건설업이나 생태계 등을 아주 좋은 기술력으로 충분히 가치 있게 만들어 내는 것을 목표로 하고 있습니다. 허술하게 만든 지도로 재능기부 형태의 사회 공헌을 하는 수준의 기술력에 머물고 싶지 않다는 생각이 컸죠."

박원녕 대표는 프로젝트 팀을 꾸려 나가며 드론에 관한 경험을 쌓아 왔다. 그 과정에서 차별화된 드론 제작 기술이나, 드론을 직접 운용하여 서비스를 제공하는 사업도 검토하였으나 적절하지 않다는 신속한 결론을 내리고 고민의 다음 단계로 나아갔다. 경험을 바탕으로 절대 포기할 수 없는 것과 포기할 수 있는 것을 먼저 구분하는 것, 그리고 고민의 발전 단계들을 빠르고 유연하게 지나온 것이 신생 기업인 엔젤스윙이 시행착오를 덜고 비즈니스 모델을 구축하는 데 큰 도움이 되었다.

그의 최종 선택은 드론 데이터를 처리하는 플랫폼의 개발이었다. 드론으로 모은 각 지역의 세부 데이터는 정밀 데이터가 필요한 어떠한 상황에서든 사용할 수 있다. 하지만 지도 데이터를 처리하는 기술을 구현하는 것이 쉽지 않기 때문에, 드론만으로 누구나 지도를 제작할 수 있는 것은 아니었다. 박원녕 대표는 이 지점에 주목했다.

지도는 그 자체로도 활용 방안이 무척 많다. 기본 지리 데이터에 각 지역과 환경에 적합한 정보들이 추가되면 사용자가 원하는 방향대로 사용할 수 있는 게 지도다. 또한 플랫폼의 개발이 장기적 관점에서 수익을 창출하고 성장이 가능하다는 확신을 핵심 팀원들에게 제공할 수 있고, 나아가 엔젤스윙의 사회적 사명감인 사람을 돕는 일에도 적용할 수 있는 방안이었다. 개발도상국에도 이 플랫폼 서비스가 필요한 지역이 분명 있고, 또 이 서비스의 파트너가 될 꿈 많은 청년들 또한 무수히 많을 것이라는 판단이 들었다.

그는 드론 제작과 촬영에서 벗어나 드론의 데이터 처리와 지도 형성 플랫폼을 오랜 시간, 뛰어난 기술력을 들여 개발해 나갔다. 덕분에 지금은 건설업뿐만 아니라 지자체를 비롯해 다양한 니즈가 있는 기업들이 사용할 수 있는 웹서비스를 구축했다. 누구든 사용할 수 있는 플랫폼이 형성되니 고객이 세분화되고 가격 차별화가 가능해졌다. 영리를 목적으로 기업에게 서비스를 제공하는 동시에 사회 문제를 해결하는 용도로 특정 지역의 지도 제작도 할 수 있었다.

기술 혁신으로 바꾸는 세상

비즈니스 모델을 만들어 가는 과정은 결코 간단하지 않다. 박원녕 대표의 고민 또한 플랫폼 구축으로 끝난 것이 아니라 여전히 현재진행형이다. 많은 소셜벤처들이 비즈니스 모델을 도출할 때 당시에 유행하는 어떤 사례나 산업의 흐름 혹은 기술에 의해 방향이 좌우되곤 한다. 그러나 사업은 어떻게 보면 창업하는 팀의 자아실현의 장이다. 단순히 돈을 벌기 위한 수단으로 전락한 소셜벤처만큼 슬픈 것은 없다. 그런 의미에서 엔젤스윙은 아직 시작 단계에 불과하지만 꽤 균형있는 출발을 했다.

2016년에 이어 엔젤스윙은 2017년에도 영등포구 쪽방촌 지도를 제작하는 일을 계속 하고 있다. 서울시와의 시범사업 운영은 기업 비전과 수익 창출을 통한 지속성이라는 딜레마 사이에서 엔젤스윙의 무게 중심을 잡아 주는 결정적인 역할을 했다. 나아가 2017년에는 완연한 웹서비스를 구축하며 수익 모델을 갖추는 데도 성공했다. 동네와 지역의 세부 정보, 지역 주민들만 알 수 있을 법한 정보들을 직접 주민들이나 자원봉사자가 업로드하여 제작하는 형태의 플랫폼을 만들었다. 시작은 기술을 가진 공대생의 봉사 정신이었지만, 이제는 개방형 협업을 통하여 사용자가 직접 정보를 표시하고 가장 적합한 지도를 제작할 수 있는 새로운 혁신 포인트를 찾아낸 것이다. 비즈니스 모델을 확고히 하면서도, 처음 시도보다 더 많은 사람들에게 도움을 주는 웹서비스를 제공함으로써 그의 고뇌는 일단락을 지었다.

수익을 창출해야 한다는 기업으로서의 의무와, 사회를 도와야 한다는 미션은 그로 하여금 좋은 직업은 무엇인지, 또 사회를 돕는 일이란 무엇인지를 고민하게 했다. 사실, 기업은 일자리를 창출하고 수익을 내는 것만으로도 사회에 도움이 된다. 하지만 사회적 기업가는 항상 그 이상의 가치를 생각해야 한다. 인증을 받지 않은 기업이어도, 기업가라면 기업 활동을 통해 사회에 어떤 영향을 미칠지 고민해야 한다. 선생님이나 의사처럼 최종적으로 수행하는 업무가 가르치거나 고치는 것은 그 행위의 가치를 의심할 여지가 없다. 기업도 넓은 의미에서는 사람들의 필요를 채워 주고 욕구를 만족시켜 주는 것이므로 충분히 가치 있는 일을 할 수 있다. 기술로 사람들을 도울 수 있다는 것이 박원녕 대표가 하늘 높이 드론을 날릴 수 있었던 원동력이었다.

그는 당분간은 기술력을 높이는 데 시간을 투자하고자 한다. 국내 건설사를 대상으로 사업을 계속 하는 동시에 특히 개발도상국 시장 진출에 집중할 예정이다. 개발도상국은 안전시설이나 인프라에서 부족한 점이 많다. 재건해야 할 건물도 많고, 빈부격차가 심한 지역에서는 주거 형태의 격차도 크다. 모니터링이 어려웠던 현장들에 해당 국가의 청년 인재들과 함께 서비스를 제공하기 위해 노력하고 있다. 건축 수요가 국내보다 많기 때문에 드론을 활용할 수 있는 분야 또한 더욱 많을 것이다. 새로운 나라에서 엔젤스윙의 드론이 또 어떤 일을 하게 될지는 아직 모른다. 인구 조사를 위해 집을 개수하는 일을 할 수도 있고, 농업에 활용할 수도 있다. 어느 곳에서건, 엔젤스윙의 기술이 바꾸어 놓을 사회의 변화가 기대된다.

엔젤스윙의
소셜 프로젝트

시민들이 함께 만드는 지도
'쪽방촌 리빙랩 프로젝트'

엔젤스윙은 2015년부터 서울의 쪽방촌 지도를 제작해 왔다. 서울은 대부분의 지역이 도시화되었지만 여전히 삼성동, 가리봉동, 영등포동, 동자동 등 시내 곳곳에 쪽방촌 밀집 지역이 존재하고 있다. 쪽방촌은 특히 재난에 취약한 곳이다. 불이 나도 소방차가 불이 난 위치를 찾기 힘들고 골목이 좁아 쉽게 접근할 수 없다. 나무 소재로 만들어진 지붕이나 벽으로 인해 불길이 삽시간에 퍼지기 쉽다. 지역을 재개발하여 문제를 해결한다는 접근 방법도 가능하겠지만, 쪽방촌에 거주하고 있는 시민들은 극빈층이 대다수라 재건축시 오히려 위험의 사각지대에 노출될 공산이 크다. 엔젤스윙은 드론으로 쪽방촌 지역을 촬영하고 이를 기반으로 지도를 제작해 소방서 등 관련 기관에 제공해 왔다.

2017년 하반기부터 엔젤스윙은 쪽방촌 지도 제작 프로젝트의 업그레이드 버전인 리빙랩 프로젝트를 진행 중이다. 서울혁신파크와 협업하고 시민들이 직접 참여하여 보다 자세한 지도를 완성할 수 있는 시민 참여형 프로젝트다. 지도를 직접 사용하는 이들의 의견을 적극 반영하여 사용자의 활용도와 니즈에 맞는 정보를 제공하고 수시로 업데이트가 가능한 플랫폼이 필요했다. 쪽방촌 리빙랩 프로젝트는 시민들의 참여를 유도하여 지도의 활용도를 높이고 쪽방촌에 대한 지역 사회의 관심을 환기하는 역할도 기대하고 있다.

Q   기존의 삼성동 쪽방촌 지도와 리빙랩 프로젝트로 제작하는 지도의
      차이점은 무엇인가요?

      2015년부터 2016년까지 서울대학교 글로벌 사회공헌단의 '응답하라 서울
대' 프로젝트의 일환으로 제작했던 지도는 아이콘이 너무 작아서 어르신들이 보시
기에 불편하다는 피드백이 있었습니다. 그리고 현 위치가 표시되지 않으니 방향을
찾는 것이 어려웠습니다. 지도 제작 노하우가 쌓이지 않았을 때 만들었기 때문에 하
나의 지도를 지나치게 다양한 용도로 만들었다는 점이 실패의 원인이었다고 분석합
니다. 정보의 양이 증가하니 아이콘이 작아지고 가장 중요한 가독성이 떨어지는 문
제가 발생한 것이죠. 사용성을 높이기 위해서는 정확한 주제가 필요했습니다. 리빙
랩 프로젝트는 이를 보완해 주제에 집중했습니다. 예를 들어 화재 대피가 주제라면
소방차가 들어올 수 있는 골목의 정확한 위치와 대피로, 현 위치 정보, 소화전 위치
등의 정보에 집중했습니다.

Q   리빙랩 프로젝트에서 가장 중요한 것은 무엇인가요?

      사실 지도를 기획하고 제작하려면 엔젤스윙과 같은 드론 회사만 있어선 안
됩니다. 다른 단체들과 함께 역할을 나누어서 기획한 프로젝트를 지속적으로 운영
하는 것이 중요한데, 아직 지속적으로 협력할 외부 업체가 선정되지 않아서 중요한
단계를 앞두고 있습니다. 2016년에 첫 번째 지도를 배포하고 느낀 것은, 지도가 주어
진 것만으로 쪽방촌의 문제가 완전히 해결되지 않는다는 것이었습니다. 더 중요한
것은 정말 화재 위험을 줄일 수 있는 여러 방법들, 집집마다 방문하여 소방차가 오
기 전까지의 행동강령을 설명해 드리고, 대피할 수 있는 장소나 방법을 교육해서 피
해를 줄이는 것입니다.

Q   서비스가 완성되면 어떠한 형태를 갖추나요?

      먼저 드론으로 제작된 기본 지도가 있으면, 지도를 활용하는 대상자들이 각
자의 니즈에 맞게 지도에 필요한 정보들을 제공합니다. 소방차 진입이 이슈인 지도
는 소방차가 진입을 하기 쉬운 경로를 표시하고, 상하수도에 대한 이슈가 중요한 지
도는 각 지역의 상하수도 현황에 대한 정보를 각각 제공하면 됩니다. 하나의 지도
위에 시민들의 다양한 니즈가 채워질 수 있는 형태의 서비스가 리빙랩 프로젝트가
가지는 의의라고 할 수 있습니다.

박원녕 – 드론 데이터 전문 기업 엔젤스윙

착즙주스 전문 기업
머시주스Mercy Juice

문정한 대표

① → ② → → ④ → ⑤ → →

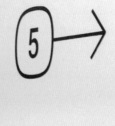

from cold storage

...ling

packaging

sh...

문정한

경제학을 전공했으며 20대부터 창업에 관심이 많았다. 2년의
직장 생활 끝에 온라인 의류 쇼핑몰을 창업했으나, 지인에게 사기
를 당하며 사업을 접었다. 이후 '정직'을 모토로 신중하게 새로운 사
업 아이템을 구상, 건강하고 몸에 좋은 착즙주스에 주목했다. 영세
농가의 농산물을 직거래하여 농촌 경제를 활성화하는 소셜 프랜차
이즈 사업 계획으로 2013년 한국사회적기업진흥원에서 개최하는
소셜벤처 경연대회에 참가하였으며, 대회에서 입상하지는 못했으나
이 계획서로 이듬해 사회적기업가 육성사업 대상자로 선정되었다.
2014년 6월, 3천만 원을 지원 받아 창업한 머시주스는 한참 카페 창
업이 포화 상태로 접어든 시장의 틈새를 뚫고 1년 만에 20억 원의
매출을 올리며 성장가도를 달렸다. 유통과 제조 과정의 혁신으로
수익 창출을 도모하는 동시에, 지역 사회의 청년을 고용하고 청년들
의 창업을 지원하는 등 다양한 사회 문제를 고민하는 소셜벤처로
자리 잡고자 고군분투하고 있다.

머시주스

채소나 과일을 가공하지 않고 자연 그대로 착즙한 건강한 주스를 표방하는 머시주스는 유통, 마케팅, 제조까지 모두 대기업이 주도하는 음료시장에서 농산물 직거래로 영세농가와 상생하고, 영양소를 파괴하지 않는 콜드프레스 공법 등으로 유통과 제조의 혁신을 도모하는 소셜벤처다. 건강에 좋은 해독주스로 입소문을 탄 머시주스는 젊은 여성과 직장인 사이에서 크게 주목 받으며 브랜드 입지를 다졌다. 현재 신사동 가로수길 본점과 갤러리아 백화점 압구정점 매장까지 두 개의 매장, 그리고 제조 공장을 운영 중이며 전국 정기배송 서비스도 하고 있다. 최근 머시주스는 세컨드 브랜드 빌리버블 론칭을 준비하며 회사 구조를 개편, 두 개의 브랜드를 통합 관리하는 ㈜인테그리티그룹으로 거듭났다.

머시주스(Mercy Juice)의 'mercy'는 자비를 의미한다. 건강한 주스, 정직한 소셜벤처 운영으로 내 몸과 세상에 자비를 베풀고 회복하자는 문정한 대표의 생각을 담고 있다.

수익 창출과 사회적 역할 사이,
그 균형을 찾다

한국 식음료 업계의 유행은 빠르게 지나간다. 커피공화국이라고 불릴 만큼 커피의 수요가 많고 주스 시장의 규모 또한 7천억 원 가량을 웃돈다. 한동안은 밀크티가 유행했고 그 다음에는 저가형 주스 시장이 각광받았다. 그리고 이제는 건강한 주스가 주목 받고 있다. 건강 주스 시장을 선도하는 머시주스는 빠르게 변화하는 업계 틈새에서 꾸준히 본인들의 색깔을 만들어 나가는 브랜드이자 소셜벤처다. 처음에는 식음료 업계의 레드오션을 뚫고 새로운 트렌드로 주목받는 이곳이 소셜벤처라는 사실에 조금 놀랐다.

"머시주스가 사회적 책임을 고민하는 방식은 사용하는 재료와 일을 하는 직원에 있어요. 영세농가의 과일과 채소를 사용하여 지역 경제를 활성화하고, 함께 일하는 청년들에게 일자리와 비전을 제공하죠."

2014년 창업 후 1년만에 연매출 20억을 달성, 사회적 기업가들 모두가 어려워하는 수익 창출에서 상당한 성과를 보여 주고 있는 머시주스. 문정한 대표는 어떻게 기업을 운영하고 또 어떤 역할을 해 나가고 있을까?

정직 그리고 회복을 추구하다

그는 원래 의대생으로 시작하여 건축학과를 거쳐 경제학과를 나왔다. 사업을 하기에는 특별히 가진 기술이 없었다. 처음엔 의류 사업에 관심을 가졌다. 창업을 하고 싶다고 부모님께 말씀 드리니 2년 정도 사회 생활을 권해서서 명품 의류업계 영업 관리직으로 일했다. 2년 뒤, 모아둔 종자돈 2천만 원으로 친구들과 온라인 의류 사업을 시작했다. 주변에 사업을 하는 사람도 없고 경험도 없었지만 사업은 순조로웠다. 특별한 목적 없이 그저 돈을 많이 벌고 싶어서 시작한 사업이었기 때문에 돈이 될 것 같으면 무조건 뛰어들었다. 레깅스를 팔았는데 하루에 500에서 600장씩 팔려 나갈 정도로 장사가 꽤 잘 됐다. 공장도 가동하며 어느 정도 사업이 궤도에 오르는 것 같았다. 그러던 어느 날, 함께 사업을 하던 선배에게 사기를 당했다. 1억 원이라는 큰 돈의 흐름이 끊기며 그는 사업을 접을 수밖에 없었다.

주위를 둘러볼 새도 없이 그는 재정 손실을 메우려 동대문 시장에서 일을 시작했다. 의류 회사에서 영업을 했던 경험이 도움이 됐다. 금액 피해는 일하면서 갚아 나갈 수 있었지만, 마음의 상처와 충격은 쉽게 메워지지 않았다. 왜 그렇게 쉽게 사업에 뛰어들었나 후회도 들었다. 어느 날은 가던 길을 멈추고 스스로에게 물었다. 내가 사업으로 이루고 싶었던 건 무엇이었을까? 그저 돈을 벌고 싶었던 걸까? 그 사업이 내 인생에 무슨 의미가 있었을까? 복잡한 고민을 안고 2박 3일의 무전여행을 떠났다. 돈 없이 세상을 한번 바라보고 싶었다. 여행에서 돌아온 그는 모든 일을 정리했다.

한 번 사기를 당한다고 사람이 추구하는 가치가 쉽게 바뀌지는 않는다. 그러나 평소 그가 무척이나 좋아하고 신뢰하던 지인에게 사기를 당하고 나니 살아가며 '정직'이 얼마나 중요한 것인지 새삼 절감했다. 이 사건은 그에게 사람과의 관계는 물론, 자신의 삶까지 다시 돌이켜 생각하게 만들었다. 모든 사람이 어려운 형편이라고 지인을 속이진 않는다. 어려움 속에서도 정직하게 삶을 일구는 사람들이 세상에 많을 거라고 그는 믿었다. 이때부터 '정직'과 '회복', 이 두 단어는 그의 삶 그리고 사업의 근간을 이루는 가치관으로 자리 잡았고, 소셜벤처를 시작하는 계기가 되었다. 함께 일하는 사람들과 제품에 있어서 정직을 지키고, 어려움 속에서도 그 정직을 실천하는 청년들을 지지하며 청년 실업 문제와 지역의 경제 회복에 기여하는 것이 머시주스가 추구하는 사회적 가치다.

성공적인 시장 진입

사업 실패의 경험과 깨달음을 바탕으로 문정한 대표는 새로운 사업을 구상했다. 식음료 사업에 뛰어들 계획이었다. 카페가 워낙 많이 생기던 시절이었는데, 사실 그는 커피를 잘 마시지 않았다. 커피전문점 말고 다른 식음료 전문점이 있으면 좋겠다고 생각했다. 그가 좋아하는 스무디 전문점을 둘러보았다. 시장 현황을 직접 경험해 보고자 매장에서 아르바이트도 했다.

그는 경제 감각과 판단이 빠른 편이다. 스무디 시장도 매니아층은 있지만 시장이 더는 확대되지 않을 것 같다는 판단이 들자 빠르게 주스로 눈길을 돌렸다. 제철 과일이나 야채를 재료로 정직하고 건강한 주스를 만들고, 농산물을 직거래해 영세농가에도 도움을 주는 사업을 기획했다. 이 사업계획서로 2014년 사회적기업가 육성사업 대상자에 선정되면서 그는 3천만 원의 지원금으로 착즙주스 브랜드 머시주스를 론칭할 수 있었다. 청년 사회적기업가 지원 센터인 사단법인 씨즈에서 브랜드 디자인부터 매장 인테리어까지, 머시주스의 브랜딩 작업에 많은 도움을 주었다.

제품에는 꽤 자신이 있었다. 머시주스는 자동차나 포크레인을 설비할 때 쓰는 콜드프레스 공법을 적용해 재료에 유압을 가해 주스를 만든다. 녹즙을 떠올리면 조금 더 이해가 쉽다. 하지만 녹즙과 달리 머시주스는 싱싱한 녹색 채소와 과일을 갈지 않고 짜서 만들기 때문에 열손실이 거의 없어 영양소 파괴도 최소화할 수 있다. 설탕이나 첨가제, 보존제는 물론 물도 들어가지 않는 100퍼센트 착즙주스는 디톡스나 웰빙을 추구하는 20-30대 직장인들에게 어필하기도 좋았다. 매장의 위치는 타깃층이 밀집된 서울 신사동 가로수길로 정했다. 특색 넘치는 카페들이 치열하게 경쟁하는 곳이라 임대료도 만만치 않았다. 그러나 시장 반응을 가장 빨리 알 수 있는 위치 선정이기도 했다. 결과는 금방 나타났다. 머시주스는 창업 1년 만에 성공적인 시장 진출로 업계의 주목을 한 몸에 받았다.

첫해의 성공적인 시장 진입은 마음속 한 켠에 성장에 대한 꿈으로 자라났다. 문정한 대표는 매장에서 직접 뛰며 가능성을 확인했다. 인건비나 고정비가 많이 들지 않는다는 점이 특히 빠른 성장의 요소로 작용했다. 여유가 생긴 두 번째 해에는 공장을 설립했다. 매장도 곳곳에 추가로 오픈해 금세 다섯 곳으로 늘어났고, 직원도 많이 고용했다. 장기적으로는 가맹점주와 본사가 함께 성장하는 소셜 프랜차이즈로 자리를 잡는 게 그의 목표였다. 성공이 손에 잡힐

듯 가까워 보였다. 그러나 기업의 빠른 성장이 늘 좋은 것만은 아니었다. 문정한 대표의 고비에는 항상 사람이 있었다. 온라인 쇼핑몰을 운영할 때도 그렇고, 머시주스의 규모가 커졌을 때도 그랬다. 관리 체계가 구축되지 않은 신생 기업은 작은 위기에도 금방 근간이 흔들렸다. 지점이 늘어나고 공장까지 생기면서 급하게 채용을 하다 보니 기업의 특성이나 경영 철학에 대한 이해가 전혀 없이 일하는 사람들이 늘어났다. 조직이 급격히 성장했지만 내부 핵심인력의 성장은 그에 따르지 못할 때 기업은 위태위태한 상황을 맞닥뜨린다. 사람들 간에 마찰이 생겼고 초창기 멤버들까지도 분쟁에 휘말렸다. 밀물처럼 들어왔던 사람들이 썰물처럼 빠져나갔다. 이대로라면 식음료 업계의 빠른 트렌드를 따라 머시주스도 한철 유행으로 떠밀려 갈 것 같은 위기감이 들었다. 2015년, 그는 사업 확장을 앞에 두고 깊은 고민에 휩싸였다.

성장보다 사람이 우선

사람들이 빠져나간 빈 자리를 보며 문정한 대표는 기업의 규모를 키우고 수익을 늘리는 것이 과연 옳은지, 머시주스의 궁극적인 목표는 무엇인지 되짚어 보는 시간을 가졌다. 한참 성장가도를 달리는 머시주스의 상황에서 이런 판단은 어쩌면 너무 이른 것인지도 몰랐다. 그러나 그는 이미 실패의 경험이 있었다. 그 경험이 중요한 시기에 멈추고 생각하는 힘을 길러 주었다. 재정 위기에 빠져 돈을 벌 목적으로 일했던 동대문에서도 그는 멈추어 섰었다. 그리고 머시주스가 확대되는 시점에서도 그는 다시 한 번 멈추어 섰다. 빠져나간 자리를 채울 사람은 많았다. 그러나 그는 성급하게 사람을 채워 넣는 데 집중하지 않았다. 오히려 기업의 규모를 축소하는 방식을 선택했다. 매장을 정리하고 나니 사업 확장에 신경을 쓰느라 사람을 세심하게 뽑지 않았던 것이 문제를 불러왔다는 걸 선명하게 확인할 수 있었다. 그는 다시 처음으로 돌아가 그 동안 친분과 신뢰를 쌓았던 지인들을 중심으로 조직을 재구성하기 시작했다.

머시주스는 브랜딩과 가치의 차별화를 제시하는 데 탁월한 기업이다. 덕분에 창업 1년 만에 20억 원이라는 매출을 낼 수 있었다. 그러나 한 가지를 잘하는 것만으로 기업이 성장을 거듭할 수는 없다. 성장은 언제나 기회를 확대하지만 동시에 위험성도 키운다. 때문에 빠르게 성장하는 것이 항상 답이 되지 않는다. 머시주스는 시장의 상황에 흔들리지 않고 위험 요소를 점검했다. 빠르게 문제를 인식하고 수정하고자 노력한 것도 위기를 넘길 수 있었던 힘이었다. 소셜벤처는 물론이고 어떤 기업도 계속 성공할 수는 없다. 기업가에게 성장은 언제나 달콤한 유혹이고, 한번 성장한 이후 후퇴하는 것은 고통이다. 그럼에도 그는 과감하게 결단을 내렸다. 그게 오히려 머시주스에게는 기회가 되었다.

문정한 대표는 오프라인 매장을 두 개만 남겨 두고, 모두 정리했다. 대신 간간이 백화점에서 팝업 스토어를 진행했다. 그리고 홈페이지에서 주스 정기구독 프로그램을 운영하는 등 온라인 유통을 활성화하는 방향을 고민했다. 공장이 자리를 잡으면서 주스 제품과 건강 식품을 납품하는 것으로 사업 방향을 틀었다. 관리 체계를 구축하고 그동안 쌓아 온 제품의 품질과 브랜드 이미지를 기반으로 판매 채널을 늘려 나갔다. 트렌드를 잘 읽는 것은 그의 장점이었다. 유명 엔터테인먼트 기업과 콜라보레이션으로 이슈를 만들거나 타깃 고객이 모여 있는 요가 또는 필라테스 학원에 홍보와 납품을 하며 시장을 확대시켜 갔다. 다시 천천히 사람이 늘기 시작했고, 조직도 안정을 되찾았다. 이제는 공장에서 일하는 직원까지 포함해 20명의 직원이 그와 함께 일한다.

균형 감각이 중요하다

문정한 대표는 소셜벤처를 운영할 때든 소셜 미션을 수행할 때든 모든 일에서 가장 먼저 해야 할 중요한 일은 바로 사람의 마음을 움직이고 관계를 형성하는 것이라고 강조한다. 머시주스의 첫 번째 협력자는 뜨거운 식음료 시장의 열기에도 불구하고 호황을 누린 적이 없는 작은 농가들이다. 문정한 대표도 처음엔 영세농가의 상황을 자세히 알지 못했다. 하지만 주스 착즙을 할 때 가장 중요한 요소가 싱싱한 채소와 과일이었기에 자연스럽게 재료의 생산과 유통 과정에 관심을 갖게 되었다. 처음에는 작은 농장들을 무턱대고 찾아갔다. 지인에게 농민들을 소개 받기도 했다. 약속을 잡고 만남을 요청해도 삶에 여유가 없는 농민들은 외부의 방문을 반기지 않았다. 영세농의 현실을 전혀 모르는 젊은이를 쉽게 믿어 주지 않는 것은 당연한 반응이었다. 가장 먼저 필요한 것은 영세농가와 신뢰를 구축하는 일이었다. 어렵사리 만난 농장 주인들과 대화를 나누며 마주한 영세농의 현실은 문정한 대표가 재료 유통에 대해 진지하게 고민하는 계기가 됐다.

쌀을 예로 들자면, 보통 소규모 농가가 1년에 천 평의 논을 경작해서 낼 수 있는 수익은 고작 70만 원 내외다. 규모가 작아 트랙터도 없이 모두 나락 형태로 베어야 해서 노동의 강도가 더욱 세다. 추수한 것들을 정미소에서 가공해 납품하면 부가가치가 높지만, 가공을 하려면 직접 브랜드 작업까지 해야만 한다. 그러나 농사로도 이미 일손이 모자란 영세농가는 브랜드를 만들 여력도, 판로도 없기 때문에 미곡종합처리장에 헐값에 넘기는 게 보통이다. 천 평의 땅을 1년간 일군 결과가 고작 70만 원이라니, 너무 박하다는 생각이 들었다. 큰 농가들의 경우 시설을 잘 갖추고 있어 작물을 생산하는 단가부터 낮아지는 규모의 경제가 생긴다.

문정한 대표는 영세농가의 이러한 어려움을 해소하고자 건조제품 제작을 시도했다. 영세농가에서 수확하는 현미를 지역 정미소에서 가공할 수 있게 농가들을 모으고, 정미소를 거쳐 부가 가치가 두 배 늘어난 현미를 다시 구매하는 방식이었다. 중간 유통단계를 건너 뛴 직거래라 머시주스가 제공 받는 가격은 크게 차이가 나지 않지만, 영세농가들은 그 이상의 수익을 얻을 수 있어 시도해 볼 만한 가치가 있을 것 같았다. 그러나 이 방식은 결국 상품화까지 이어지지 못하고 중단됐다. 건조제품 제작은 영세농가에 도움을 줄 수 있을지는 모르겠지만 시장 규모나 상품화했을 때의 예상 매출을 생각했을 때 수지타산이 맞지 않았다.

"많은 소셜벤처들이 지나치게 가치 지향적으로만 움직이는 것을 보곤 해요. 가치에만 묶여 있으면 기업 운영이 쉽지 않아요. 꼭 소셜 미션과 수익 창출 사이의 균형을 고려해야 합니다. 서로 상반되는 가치가 같이 존속되기 위해서 소셜벤처 기업가에게 꼭 필요한 게 바로 균형 감각이죠."

건조제품의 상품화는 실패했지만, 그는 머시주스의 재료로 사용하는 과일과 채소를 영세농가에서 수급하며 꾸준히 협업하고 있다. 물론 그 과정이 쉽지만은 않다. 과일이나 야채는 시세가 급변하기 때문에 어떤 때는 시가보다 비싸기도 하지만, 또 어떤 때는 훨씬 싸기도 하다. 그러나 시세 차이는 여러 채소와 과일들을 구매하다 보면 상충되어 수익에 큰 영향을 주지 않는다. 문제는 품질 관리와 유통망이다.

원재료인 농산물이 제조 영역에 오기까지 모든 과정을 긴밀하게 살피지 않으면 물건의 질이 떨어질 수 있다. 좋은 땅에 좋은 종자를 심고 훌륭한 기술력으로 재배하더라도, 작물 선적이나 배송 단계가 더디면 최종 수령자는 좋지 않은 원재료를 받기 쉽다. 영세농가 입장에서도 매번 택배를 따로 포장하여 보내려면 과일 재배 이외의 업무가 가중되는 어려움이 발생한다. 문정한 대표도 초기에 영세농가를 찾아다닐 때는 과정에서 발행하는 이러한 어려움이나 영세농가의 니즈를 파악하지 못해 시행착오를 많이 겪었다. 수익 구조를 개선하고자 시도한 직거래였는데, 알고 보니 영세농가의 입장에서도 고충이 많았다. 머시주스도 영세농가 하나하나를 대상으로 직접 소통을 해야 하니 품질 관리나 다양한 변수에 대한 대책 마련이 여간 까다롭지 않았다.

머시주스는 오랜 고민 끝에 최근, 이런 어려움을 체계적으로 해결할 수 있는 방법을 구축했다. 바로 데이터를 기반으로 한 발주 시스템이다. 제일 먼저 이를 도입한 작물은 케일이다. 머시주스에서 2016년 한 해 동안 사용한 케일의 양은 거의 3400킬로그램에 달한다. 케일의 월별 사용량을 데이터로 정리하고 이를 기반으로 다음 달 물량을 미리 발주하는 방식으로 수급 조절을 하는 것이다. 케일은 엽채류 중 가장 많이 사용하는 작물이면서도 순환 주기가 빠르고 작물의 재배 속도 조절이 용이하기 때문에 새로운 시스템 도입이 가능했다. 머시주스에서 거래하는 농가는 한 군데가 아니다. 지역에 따라 재배 시기가 서로 다른 상황을 고려하여 남양주, 김해 그리고 울진 등의 농가와 거래를 하고 있다. 케일 운영 데이터와 노하우를 바탕으로 향후 시스템 적용 작물을 시금치와 당근 등으로 확대해 나갈 계획이고, 탄산음료 브랜드 빌리버블 론칭 후에는 유자와 청귤 등을 중심으로 선구매 형태의 유통망도 구축할 생각이다.

청년들의 창업을 지지하다

머시주스는 청년 사회적기업가를 지원하는 사단법인 씨즈의 지원을 받아 창업한 소셜벤처지만, 고용노동부의 사회적기업 인증을 받지는 않았다. 패션 브랜드나 고급 상품을 취급하는 경우에는 사회적기업 인증이 기업의 이미지와 잘 매치되지 않을 수 있다. 더욱이 사회적기업 정관이나 조건이 붙어 불편한 부분이 생길 수도 있다. 빠르게 성장해야 하는 소셜벤처들에게는 경연대회, 육성사업, 예비 사회적기업, 사회적기업 인증 등 정부가 정해 둔 경로와 스케줄이 기업에는 제한이 될 수 있다. 때로는 스스로 원하더라도 현재의 사회적기업 인증 제도에 해당 사업이 포함되지 않는 경우도 있다. 최근에 사회적기업 인증을 받지 않는 소셜벤처가 늘어나는 것은 단순히 그 인증 제도의 문제라기보다는 이 생태계가 좀 더 다양성을 가지고 성장하고 있으며 제도의 유연성을 확대할 때가 되었다는 의미일 것이다.

빠른 성장을 보여준 머시주스는 사회적기업 인증을 받지는 않았으나, 문정한 대표는 사회적 가치 창출이 기업의 당연한 의무라 확신한다. 나아가 그는 소셜벤처뿐만이 아니라 모든 기업이 사회적 책임을 가지고 사회 문제를 고민하며 해결에 앞장서야만 한다고 주장한다. 정직하게 제품을 만들고, 정직하게 사업을 이끌어 나가고, 청년들에게 일자리를 제공하는 것은 사실 사회적기업만의 의무가 아니라 상식적인 사회에서 당연하게 이뤄져야 하는 일들이다. 이러한 그의 생각은 머시주스를 운영하면서 더욱 단단해졌다.

머시주스가 소셜벤처로서의 역량을 발휘하는 방식은 제품 판매의 수익을 나누는 방식보다는 기업을 운영하는 과정을 통해서 이루어진다. 앞서 밝혔듯이 머시주스의 목표는 브랜드가 확고해지고 경영이 안정될수록 영세농가와 상생하고, 청년 일자리를 늘려

장기적으로는 청년 실업 문제와 지역 경제의 회복에 꾸준히 기여하는 것이다.

창업 후 2년이 지났을 때, 문정한 대표는 청년자립기금을 만들었다. 창업 아이템이 있는 청년이 일정 금액을 꾸준히 모으면 청년자립기금에서도 창업 자금을 지원하여 자신만의 브랜드를 구축하는 것을 돕는다. 아직 신생 기업이나 다름 없는 머시주스가 새로운 창업가를 인큐베이팅하고 교육시켜 새로운 브랜드까지 만든다는 것은 사실 꽤 부담스러울 수 있는 큰 프로젝트다. 주주가 되거나 자회사를 만드는 개념이 아니라 자립기금을 준다는 것은 자신의 수익 일부를 사회에 환원하겠다는 확고한 의지로 보였다. 문정한 대표 역시 청년 창업 지원으로 머시주스를 론칭한 경험이 있고, 이러한 시스템이 청년들에게 얼마나 간절한지, 얼마나 큰 힘이 되는지 잘 알고 있기 때문에 가능한 일이었다.

물론 최근 청년 창업을 늘리려는 시도와 정부와 기업의 지원이 늘어났기 때문에 기술이나 아이디어만으로 창업 대회에 도전하거나, 여러 지원을 받을 수 있는 프로그램들이 많아졌다. 하지만 머시주스의 지원 대상은 이들과는 조금 다르다. 지원하는 대상을 머시주스에서 1년 이상 일한 청년들로 한정하고 있다. 기업가를 양성하는 것이 목적이라면 조건이 좀 특이하다고 생각했다. 자본금 지원을 내부 직원에게만 제공하는 복지 차원의 기금은 아닌가 하는 의심도 들었다. 하지만 여기에는 '사람'의 중요성을 생각하는 문정한 대표의 경험에서 우러난 뜻이 담겨 있다.

"1년 정도는 지켜봐야, 그 사람이 어떤 사람인지 조금이나마 알 수 있는 것 같아요. 자본을 목적으로 일을 하는 친구들은 중간에 쉽게 나갑니다. 청년자립기금은 1년이라는 시간 외에도 다른 조건도 갖춰야 합니다. 경제 관념을 키우고 동기를 부여하기 위해 그 자신도 한 달에 30만 원씩 저축해야 한다는 조건이 있습니다."

1년 동안 피땀 어린 노력과 시간으로 모은 자신의 자본금을 밑천으로 창업을 하는 것은 지원 받은 금액만으로 창업을 하는 것과 마음가짐과 태도에서부터 큰 차이가 난다. 기업가에게 자본금의 운용은 가장 중요한 일 중 하나다. 때문에 창업을 위한 최소한의 종잣돈을 마련하는 조건으로 청년자립기금을 제공하는 것이다. 무엇보다 머시주스가 바라는 것은 잠시 눈에 띄는 아이디어에 집중한 창업을 지원하기보다는 기업 철학을 공유하고 머시주스의 경영 방식을 경험하며 성장한 진정한 사회적 기업가를 양성하는 데 있다. 시간이 오래 걸리고 인내심도 필요한 일이다. 하지만 우리는 한 명의 기업가가 사회의 악을 조성하는 것도, 수많은 사람에게 희망을 주는 일도 어렵지 않게 보아 왔다. 머시주스에서의 1년은 올바르고 정직한 공정을 거쳐 사회적 기업가의 자세를 훈련 받는 기간이다. 이렇게 교육을 받은 청년이라면 자신만의 새로운 브랜드를 론칭하더라도 기업의 성장만이 아니라 일자리 창출 문제를 비롯한 다양한 사회 문제에 관심을 갖고 새로운 소셜 미션을 달성하는 기업가의 역할을 할 수 있으리라 판단한 것이다.

사실 처음 머시주스의 목표는 협동조합 형태의 소셜 프랜차이즈를 만들어 일정 기간 직업 훈련을 받은 청년에게 각자의 매장을 만들어 주는 것이었다. 하지만 사람이 많이 모이면 쉽게 문제가 생긴다는 것을 그는 경험했다. 규모가 커지면 중요한 점들을 놓치기 쉽다. 때문에 청년자립자금을 만들기 전부터 문정한 대표는 많은 선배들을 찾아가 의견을 들었다. 그리고 고민 끝에 조금 느리더라도 소수의 기업가에게 자원을 집중 투입하여 경제 관념부터 사회 경험까지 단단하게 인큐베이팅하는 방법을 선택했다. 머시주스의 청년자립기금은 선정된 청년이 하고자 하는 업종에 상관없이 모든 것을 지지하고 지원하는 시스템을 갖추고 있다. 자신이 잘할 수 있는 일을 찾아 자신의 역량에 맞추어 사업을 펼칠 수 있도록 목표를 관리해 주는 것도 인큐베이팅 과정 중 중요한 하나의 단계이다.

소셜벤처에게 성장이란

지난 몇 해 사이 국내 식음료 시장에서 디톡스 트렌드와 함께 착즙주스 수요가 대폭 증가했다고는 하지만 대중의 눈길이 언제 어디로 떠날지는 누구도 예측할 수 없다. 쉽게 창업을 시작하는 이들은 잠시 반짝하는 아이템에 쉽게 투자한다. 그만큼 고객의 취향도 빠르게 바뀌기 때문에 준비 없이 유행을 좇아 시작한 창업은 오래가지 못한다. 문정한 대표는 빠른 시일 안에 업계 선두를 다투는 브랜드를 성공적으로 론칭했다. 그러나 제품의 인지도가 날로 높아졌음에도 그의 앞에 순탄한 길만 놓여 있는 것은 아니다. 소셜벤처가 시장에서 살아남을 수 있을 정도의 제품 완성도와 인지도를 가지게 되면 마주하는 다음 관문은 경쟁자들이다. 클렌즈 주스로 확고하게 브랜드 파워가 생기고 나니 여기저기서 저가의 클렌즈 주스 브랜드들이 속출하기 시작했다.

"사업 확장을 정리한 후, 다음으로 맞이했던 위기는 사람이 아니라 제품이나 가격 설계가 미흡하여 생겼던 위기였습니다. 처음엔 고객의 니즈에 부합하는 클렌즈 주스라는 특성을 확보했지만, 시간이 흐르니 당연히 경쟁자가 발생하고, 가격별로 산업군의 피라미드가 형성된다는 것을 알게 되었어요."

대량생산 저가형 주스 브랜드가 등장하는 가운데 머시주스는 업계에서 고가격층을 형성하고 있었다. 이런 현상을 초반부터 예상했다면 제품 라인업을 정비하여 저가의 두 번째 브랜드를 론칭할 수 있었을 텐데, 방어를 하지 못했던 것이다. 사실, 고객들의 니즈가 확인되고 시장에서 머시주스가 검증 받는 동안 경쟁 브랜드들은 이미 차별화된 제품을 준비하고 있었다. 문정한 대표가 공장의 설립과 유통망 구축, 조직 구조를 형성하는 데 많은 시간을 쏟고 있을 동안 벌어진 일이었다.

이에 문정한 대표는 제품의 품질과 끊임없는 연구, 그리고 도전으로 대응하기로 했다. 계속 다양한 제조 방법을 연구하고 주스의 조합을 개발해 나갔다. 샐러드나 내추럴 푸드와 같은 주스 이외의 먹거리에 대해서도 계속 고민하고 있다. 최근에는 콜드프레스 기술을 활용한 탄산음료 제품을 개발해 두 번째 브랜드 빌리버블의 론칭을 앞두고 있다. 탄산이기 때문에 유통기한이 조금 더 길고 시

문정한 - 착즙주스 전문 기업 머시주스

장성이 높아 가격도 보다 저렴하게 책정했다.

　동시에 그는 소셜벤처로서의 사회적 역할도 계속 고민하고 또 이어가고 있다. 영세농가와의 협업, 청년자립기금 구축 외에도 머시주스는 제품을 활용한 다양한 프로젝트를 진행해 왔다. '동구밭'과 함께 진행한 천연비누 프로젝트도 그 중 하나다. 동구밭은 발달장애인의 교육사업을 진행하는 사회적기업이다. 머시주스의 생산 과정에서 나오는 채소와 과일 부산물로 동구밭의 발달장애인들이 천연비누를 만들면, 이 비누를 머시주스가 브랜딩하여 판매를 하고 수익금을 동구밭에 돌려주는 구조다. 또 다른 프로젝트, 소셜 주스는 소셜 미션 달성을 목적으로 진행한 프로젝트다. 머시주스에서 소셜 주스를 구매하면 그 수익금 전부를 사회에 환원한다. 절반은 제주도의 사회적기업 '평화의마을'에 지원하고, 나머지 절반은 청년 자립기금으로 사용한다.

　"중요한 것은 제품의 품질이 확실해야 한다는 겁니다. 제품의 품질이야말로 소셜벤처가 사회 미션을 지속적이고 안정적으로 해결해 나갈 수 있는 인프라이기 때문입니다. 그래서 항상 품질이 좋고 맛있는 주스를 생산해 내는 것을 가장 기본으로 삼고 있어요."

　문정한 대표에게 기업의 성장과 사회적 미션 수행은 서로 상충하거나, 사이에서 갈등해야 하는 별개의 문제가 아니라 한몸을 이루고 있는 필수 가치다. 사회 문제를 해결하기 위하여 수익 감소를 감수하기보다는 동반성장을 해야 하는 것이다. 기업의 규모가 커질수록 해결할 수 있는 문제들도 더 늘어날 것이다. 이러한 소셜벤처의 성장이 사회 변화의 더 큰 동력이 될 거라고 그는 믿는다. 많은 이들이 머시주스와 문정한 대표의 성장을 응원하는 이유도 같을 것이다.

머시주스의
소셜 프로젝트

건강한 탄산음료로
믿을 수 있는 세상을 꿈꾸다
'빌리버블'

머시주스는 2018년에 선보일 두 번째 브랜드 빌리버블 론칭을 준비하며 ㈜인테그리티그룹으로 회사 구조를 개편했다. 빌리버블은 '건강한 음식'과는 가장 거리가 멀다는 악평을 받아 왔던 탄산음료 시장의 허를 찌르는 제품이다. 최근 스파클링 음료 시장이 확대되며 분위기도 조성됐다. 건강하면서도 맛있는 탄산음료를 표방하는 빌리버블은 기존의 탄산음료와는 달리, 설탕과 색소가 들어가지 않는다. 수확 후 바로 공급 받은 과일을 콜드프레스 공법으로 가공한다. 과일의 당만으로 기존의 콜라나 사이다의 십분의 일, 또는 사분의 일 수준으로 낮춘 두 종류의 저당, 저칼로리 제품을 제조했다. 제조 과정을 투명하게 공개하여 믿을 수 있고, 머시주스와 마찬가지로 영세농가들과 협업하여 소셜벤처로서의 역할도 잊지 않았다.

머시주스가 착즙한 주스를 단시간 내에 소비해야 하는 신선제품으로서의 한계가 있었다면 빌리버블은 유통기간의 한계를 극복하여 상품성과 유통에 장점을 더했다. 또한 제작의 원리는 단순하게, 그러나 제품은 다양함을 추구했다. 대량생산 방식이 아닌 크래프트 방식으로 제작하기 때문에 과일과 기능, 그리고 탄산의 강도 모두 차별화가 가능하다. 개개인의 취향에 맞춘 조합으로 고객이 직접 자신의 입맛에 맞는 제품을 선택할 수 있다. 머시주스를 통해 제조 노하우를 쌓았고, 직접 제품을 설계할 수 있어 고객의 반응에 맞추어 빠르게 실험하고 피드백을 반영할 수 있다는 강점을 활용한 것이다.

Q   빌리버블이라는 세컨드 브랜드는 어떻게 기획하게 됐나요?

처음부터 탄산음료 시장을 겨냥한 명확한 그림이 있던 것은 아니었습니다. 가격 경쟁력보다는 영양소와 정직함에 초점을 두었던 머시주스는 대량생산으로 가격을 낮추며 등장한 후발 경쟁 제품과 가격 경쟁력에 밀려 타격을 입었습니다. 하지만 품질의 우수성은 자신이 있었기에 유통구조와 제작 방식을 변화시키고 영양소를 포기하면서 가격 경쟁을 하기보다는, 두 번째 브랜드를 오래 고민했습니다. 유통기간이 짧은 기존 머시주스의 약점을 보완하고 소비자들의 니즈에 변화를 준 제품을 개발하게 됐습니다. 마침 스파클링 음료 시장이 확대되고 있었고, 무엇보다도 식음료 시장에서 가장 악평이 높았던 탄산음료가 건강과 회복을 생각하는 머시주스의 지향점과 만났을 때, 혁신적인 변화가 가능할 것이란 생각에 다다랐습니다.

Q   왜 빌리버블이란 이름을 붙였나요?

빌리버블을 만들 때 먼저 고려했던 것은 브랜드 목적이 드러나면서도 고객이 빠르게 인지할 수 있는 것이어야 한다는 생각이었습니다. 그렇다면 '새로운 브랜드의 목적을 무엇으로 해야 할까?' 하는 고민이 시작되었습니다. 머시주스는 회복에 초점을 맞추고 있었습니다. 건강의 회복을 목적으로 영양소가 파괴되지 않은 주스 제품과, 유통망의 회복으로 영세농가들의 문제를 회복하고, 머시주스와 함께 일하는 청년들이 정체성과 삶을 회복해 나가는 일련의 시간이었습니다. 두 번째 브랜드는 세상에 믿을 것이 없어진 현실을 겨냥했습니다. 믿고 마실 수 있는 음료, 믿을 수 있는 식품 생태계를 만들어 나가는 것을 목표로 제조 이력과 유통 과정을 소비자가 모두 파악할 수 있도록 설계한 브랜드입니다. 소비자들은 빌리버블의 제품을 믿고, 열량과 당이 낮은 제품을 선택할 수 있습니다. 수익의 2퍼센트는 농가로 돌아갑니다. 제품의 판매가 생산자의 성장과도 연결되는 것입니다.

소셜벤처란
무엇인가?

사회적 가치와
혁신을 말하다

사회적 기업은 쉽게 이야기하면 사회적 가치를 창출하는 기업을 일컫는다. 그러나 엄밀하게 말하면 모든 기업은 사회적 가치를 포함한 가치를 창출하고 때로는 기업의 의도 이상으로 그 사회적 가치의 양이 꽤 클 수도 있다. 예를 들어 아이폰은 우리의 삶을 얼마나 많이 바꾸어 놓았는가? 그럼에도 아이폰이 사회적 가치가 전혀 없다고 말할 수 있을까? 만약 아이폰이 조금이라도 사회적 가치가 있다면 그 아이폰을 팔아 세계에서 가장 큰 기업 중 하나가 된 애플은 사회적 기업인가? 위에서 말한 정의를 그대로 받아들인다면 이런 질문에 혼란만 가중될 뿐이다.

사회적 가치를 논의하려면 먼저 사회 문제에 대한 정의가 필요하다. 사회 문제 역시 다양한 정의와 관점이 존재하지만 이곳에서는 사회 문제의 세 가지 요소를 확인하면 충분할 것 같다. **사회 문제는 구조적으로 현저하게 다수가 고통 받고 있는 상태를 의미한다.** 첫째, 개인이 아니라 사회 구조에 원인이 있어야 한다. 우리나라에 사는 한 개인이 야식을 좋아해서 살이 찐 것은 사회 문제로 보기 어렵지만, 미국의 음식 사막(food desert) 지역에서 저소득층 다수가 비만으로 성인병을 앓는 것은 사회 문제라고 할 수 있다. 둘째로 '다수'라는 것은 다소 모호한 개념이다. 이는 기본적으로 그 사회문제가 사회의 전문가나 여론의 통념상 받아들여져야 한다는 것을 의미한다. 마지막으로 '고통 받고 있는 상태'라는 점이 매우 중요하다. 사회적 기업은 의도와 목적을 가지고 사회 문제로부터 출발한 사회적 가치를 지속적으로 창출하는 기업이라고 할 수 있다. 모든

소셜벤처란 무엇인가?

기업이 가치를 창출하며 사회적 기업 또한 마찬가지다. 그러나 **기업은 가치 창출 과정에서 의도하여 사회적 가치를 포함할지, 혹은 얼마나 포함할지 예측할 수도 없고 지속하기도 어렵다. 오직 사회적 기업만 사회 문제, 즉 '고통 받고 있는 상태'에 의도와 목적을 가지고 개입을 결정한다.**

앞서 언급한 아이폰을 다시 예시로 사용하자면, 아이폰 이전에 애니콜을 사용하던 우리는 아이폰이 없었기 때문에 괴롭고 결핍되어 있었는가? 그렇지 않다. 우리는 애니콜로도 충분히 즐거운 삶을 누릴 수 있었다. 다만 아이폰이 나온 이후 우리에게 더 나은 효용이 허락되었을 뿐이다. 그러나 탐스슈즈가 저개발국가의 아이들에게 신발을 기부하는 것은 그들이 그 신발을 신지 않았을 때 보건상으로나 생활에서 안전이 결핍된 상태에 놓여 있기 때문이다. 탐스슈즈의 창업자 블레이크 마이코스키는 사업의 마케팅 수단을 고민하다가 기부라는 방법을 찾아낸 것이 아니라, 어떻게 하면 그 아이들에게 신발을 줄까를 고민하다가 신발을 팔아 기부를 하는 모델을 고안해 냈다. 사회 문제에서 출발하여 실제 변화를 지속적으로 만들어 내고 있는 것이다.

연말에 기사를 찾아보면 기업의 사회공헌이나 비영리 조직의 대규모 프로그램에 대한 홍보자료를 쉽게 발견할 수 있다. 많은 이들이 사회 문제 해결에 얼마를 썼는지, 얼마나 많은 일을 했는지, 몇 명이 수혜를 받았는지를 성과로 설명한다. 그러나 그것을 실제 사회적 가치로 볼 수 있을까? 그 내용들은 사회 문제가 얼마나 해결되었는지 직접적으로 또 논리적으로 표현하지 못한다. 간혹 프로그램 참여자의 만족도를 조사하는 경우도 있다. 그러나 참여자의 높은 만족도가 핵심 성과라고 한다면 그들의 만족도가 낮은 것이 사회 문제여야 한다. 이는 마치 공부를 하기 위해서 문제집을 많이 사면, 혹은 긴 시간 동안 앉아 있으면 저절로 점수가 오른다는 말과도 같다. 그것만으로는 점수가 오르지 않는다는 것을 우리는 잘 알고 있다. 논리 모델(Logic Model: 프로그램에 필요한 자원과, 시행하고자 하는 프로그램 활동, 달성하고자 하는 변화나 결과 간의 관계를 도표로 체계화하는 것)에서 자주 이야기하는 투입이나 활동이 아니라, 실제 변화와 성과에 맞는 설계와 평가가 소셜벤처 영역에서 중요하게 다루어지는 이유다.

창업 5년 안에 80퍼센트가 넘는 회사가 폐업을 하는 이 현실에서, 그냥 돈 버는 회사를 만드는 것도 상당히 어려운 일임이 분명하다. 사회적 가치를 창출하며 수익을 내는 소셜벤처를 만들겠다는 것은 언뜻 불가능에 가까운지도 모른다. 이를 가능하게 만드는 것은 본질적으로 '혁신'이다. **말하자면 사회적 기업, 소셜벤처의 창업은 사회 문제에 대한 집착과 그 문제를 해결하며 지속 가능성을 확보할 수 있는 혁신에 대한 이야기이다.**

이 혁신은 바스프그라민(BASF-Grameen: 독일 최대의 화학기업 바스프와 그라민은행이 함께 만든 사회적 기업. 방글라데시에 화학 처리된 방충망을 공급하여 말라리아 감염 예방에 기여한 것으로 유명하다)이 바스프의 모기 퇴치 화학물질을 기반으로 추진되었던 것처럼 초기에 자원을 투입하여 시작되거나, 유명 영화배우가 창업하며 단번에 브랜드를 확보했던 어니스트 컴퍼니

(The Honest Company: 영화배우 제시카 알바와 친환경 운동가 크리스토퍼 개비건이 함께 만든 친환경 유아용품 전문 기업. 유해 화학물질에 대한 규제 강화에 힘쓰고 관련 비영리단체를 후원한다)처럼 인적 경쟁력에서 출발하기도 한다. 국내에도 라이프스타일 브랜드 마리몬드가 위안부 할머니라는 중요한 사회 문제를 다루고 그 제품을 연예인이 착용하여 유명세를 탈 수 있었던 것처럼 사회의 선의를 활용하는 방법도 있고, 인쇄 제작 사업을 하는 베어베터가 발달장애인에 맞는 직무설계를 통하여 생산성을 제고하는 데 성공했던 것처럼 경영과 기술을 통한 혁신도 유의미하다. 어찌 되었든 사회적 기업의 창업은 항상 단순히 수익을 내는 것만이 아니라 사회 문제를 해결하면서 수익까지 창출해야 하는 상황에 직면하며 이에 혁신으로 응답해야만 한다.

다른 측면을 보자면, 사회적 기업에게 어떤 의사결정은 단기적으로 사회적 가치와 경제적 가치 둘 중 하나의 희생을 강요할 때가 있다. 장기적으로는 이러한 지점을 극복해 내야겠지만 단기적으로는 여전히 이 상충 관계 내에서 균형 잡힌 길을 걸어야 한다. 때문에 초기에 설계하는 소셜 미션이 무엇보다 중요한 기준이 된다.

최근 국내에서도 사회적 기업 영역이 좀 더 주목 받고 더 많은 자원이 유입되면서 이 소셜 미션에 대한 진지한 고민이 부족하거나 얼떨결에 사회적 기업에 발을 들여놓은 창업가들도 종종 보인다. 그런데 소셜 미션이 명확하지 않으면 소위 '미션 드리프트'가 발생하는 경우를 왕왕 볼 수 있다. 특히 경제적 유인, 거부하기 힘든 투자 제안이 들어올 때 자주 발생하는 상황이다. 드리프트란 자동차가 코너를 돌 때 일종의 슬라이딩 현상이 일어나면서 진행하려는 방향과 상관없이 밀리는 것을 말한다. 즉 사회적 기업이 추구하는 미션의 방향과 상관없이 다른 방향으로 떠밀리는 일이 발생하는 것이다. 이런 현상은 결국 사회적 기업의 정체성을 흔들어 놓는다.

사회적 기업에게 소셜 미션은 존재 목적과 직접 연결되는 가장 중요한 가치이기 때문에 지속적인 점검이 필요하다. 일반 기업에서는 크게 중요하지 않을 수도 있지만, 사회적 기업에게는 일상적인 의사결정에서도 주요하게 검토해야 하는 부분인 것이다.

선한 의도만으로는 충분하지 않다. 소셜벤처가 추구하는 것은 실제 사회의 변화다. 그리고 그 사회 문제의 변화량을 우리는 사회적 가치라고 한다. 그 사회적 가치를 지속 가능한 사업 위에 세우기 위해서는 반드시 혁신을 동반해야 한다. 그리고 이는 소셜 미션이라는 반석 위에 세워져 그 가치의 지속 가능성 역시 담보해야만 한다. 이것이 바로 사회적 기업을 한 단어로 설명하기 어려운 이유다. 사회적 기업은 움직임이 때로는 일반 벤처와 같고, 창출하는 가치가 비영리와 같으나 그 양쪽의 관점을 그대로 들이대 해석하는 일은 불가능하다. 소셜벤처 기업가는 선한 의도가 위대한 비즈니스로 구현되기를 추구하는 사회 혁신가들이다.

예술 공유 서비스 기업
위누weenu

허미호 대표

허미호

경영학을 전공하고, 졸업 후에는 야후 코리아에서 글로벌 플랫폼을 국내에 적용하는 프로젝트 매니저로 일하며 대중과 콘텐츠를 잇는 플랫폼을 경험했다. 미국 출장 중에 중저가 핸드메이드 작품을 거래하는 문화벤처 엣시닷컴(ETSY.com)을 보고 '예술과 IT의 결합 모델'을 한국에서 구축하겠다는 결심으로 다니던 회사에 사표를 냈다. 2007년 동갑내기 친구 세 명과 함께 문화예술 사회적기업 위누를 창업, 도전과 실패 속에서도 포기하지 않고 10여 년의 세월을 굳건히 버텨 왔다. 자신의 작품을 대중에게 보여 줄 기회가 적은 신진 작가들에게 통로를 열어 주고, 예술이 어려운 대중에게 다양한 문화예술 교육과 체험을 제공하는 플랫폼으로 자리 잡은 위누는 이제 사회 이슈를 풀어내는 전시, 축제와 온라인 예술 경험 서비스를 제공하는 예술 공유 서비스 기업으로 성장했다.

위누

위누는 대중과 예술 사이의 거리를 좁혀 누구나 예술 작품을 경험하고 소비할 수 있는 중저가의 예술 시장을 만들고, 신진 작가가 경제 활동을 하며 작업을 영위할 수 있도록 기반을 마련하는 예술 공유 서비스 기업이다. 2011년부터 서울시립미술관을 비롯한 여러 기관, 기업과 함께 예술 교육 프로그램을 진행했으며, 2012년부터 100인의 젊은 예술가들이 참여하는 환경예술 축제 '아트업 페스티벌'을 주최했다. 지금까지 위누의 예술 프로그램을 통해 1200여 명이 넘는 신진 아티스트와 350만 명 가까운 대중이 만나 예술의 즐거움을 누렸다. 그 속에서 예술가들은 일거리를 얻고, 대중의 응원을 받으며 지속적으로 창작을 할 수 있는 기회를 만났다. 위누는 미처 알려지지 않았던 다채로운 예술, 그리고 예술을 어렵고 부담스럽게 생각했던 대중이 서로 만날 수 있는 다양한 장을 펼쳐내어 세상을 보다 크리에이티브한 곳으로 만들기를 꿈꾸고 있다. 2010년 서울형 사회적기업으로 선정, 2013년에 고용노동부 사회적기업 인증을 받고 2014년에는 행복나눔재단의 임팩트 투자를 유치했다. 2017년부터 서울시와 함께 공간 기반 문화예술 커뮤니티 '아트업 서울' 프로젝트를 진행하고 있다.

위누(weenu)는 We enable you의 약자로, 99퍼센트의 예술가와 99퍼센트의 대중의 만남을 가능하게 만드는 플랫폼을 지향하겠다는 의미를 담았다.

젊은 예술가들,
플랫폼에 모이다

허미호 대표를 처음 만난 곳은 청년들을 대상으로 강연을 하는 페스티벌이었다. 많은 이들이 선망하던 글로벌 기업을 그만두고 주위의 우려에도 과감히 사회적기업을 만들었다는 이력만으로도 청년들의 반향을 불러일으켰다. 삼성전자, SK, 그리고 야후 코리아 등 대기업에서 일을 배우고 경력을 쌓으며 탄탄대로를 걸었던 그가 창업을 통해 뛰어든 것은 예술, 그것도 알려지지 않은 신진 예술가의 고단한 삶 속이었다. 어떻게 예술가들과 소통하고 또 사회 문제에 다가서는지 강연이 이어지는 동안 자리에 참석한 청년들은 물론 나까지 점점 그 모습에 빠져들었다. 열정 가득한 그를 다시 만난 것은 뜨거운 여름의 한가운데, 2017년 8월이었다.

"위누는 예술가들의 경제 문제를 해결하기 위해서 젊은 작가들과 함께 꾸려가는 11년차 스타트업입니다."

위누를 설명해 달라고 하자 허미호 대표가 가장 처음 내뱉은 말은 '11년차 스타트업'이었다. 짧은 소개에 '11년'이라는 시간과 '스타트'라는 이질적인 단어가 공존하고 있었다. 2007년에 첫걸음을 뗀 위누를 지금도 여전히 스타트업이라 말하는 까닭은 규모도 작고 인원이 적은 이유도 있지만 무엇보다도 예술이라는 분야의 특성상 다른 기업에 비해 아이템이나 비즈니스 모델이 명확하게 눈에 보이는 형태로 정리되지 않고 다양하게 변주되기 때문이다. 대부분의 기업은 초창기 비즈니스 모델과 아이템을 명확히 하는 데 상당한 시간과 에너지를 투자한다. 그러나 위누의 일은 교육 프로그램 기획부터 전시, 축제까지 한마디로 설명하기에는 너무 다양하다. 구성

　　　　　　　허미호 - 예술 공유 서비스 기업 위누

원의 70퍼센트가 젊은 작가이고 30퍼센트가 기획자로 꾸려진 위누는 이러한 불확실성을 견디고 즐길 줄 아는 사람들이 모여 문화예술 분야에 새 바람을 일으키고자 고군분투하는 사회적기업이다.

이미 유명세를 얻은 작가의 작품은 전시에서 고가에 팔려나가지만 평범한 사람들에게는 턱없이 비싸다. 반면에 유명하지 않은 예술가의 작품을 만나기란 쉽지 않다. 갤러리에서 만날 수 있는 작가의 수는 극히 한정되어 있고 유명하지 않은 작가일수록 다수의 관객을 만나기란 더 어렵다. 문화체육관광부가 2016년 실시한 문화예술인 실태조사에 따르면 예술인들의 예술활동 수입은 연평균 1255만 원. 예술인의 36퍼센트는 1년간 수입이 없다고 한다. 공연예술인들의 경우 약 62퍼센트가 월 50만 원 미만의 수입으로 생활하고 있으며 그마저도 대부분이 예술활동 외의 아르바이트로 생계를 유지하고 있다.

허미호 대표는 이러한 예술계의 현실을 몇 백 년 전부터 이어진 사회 문제로 인지했다. 소득은 대한민국 평균의 4분의 1에도 못 미치고, 복지나 지원도 받기 힘든 사각지대에 서 있는 것이 젊은 예술가들의 삶이다. 허미호 대표는 이러한 사회 문제를 해소하기 위한 방안으로 개별 작가를 돕는 것이 아닌, 작가들이 직접 수익을 창출할 수 있는 방법을 고민하기 시작했다.

고독한 작가들, 협력을 통한 창조로

"예술은 멀리서 바라보는 것이 아니라 누구든 직접 경험할 수 있는 것이라고 생각해요."

위누의 캐치프레이즈는 '99%의 예술과 99%의 대중이 소통하기 위한 플랫폼'이다. 위누는 예술이 어렵게 느껴졌던 대중들과 혼자만의 영역에 있던 예술가들을 서로 만나게 하는 온라인 플랫폼을 만들고자 했다. 특히 작가들이 작품을 파는 것만으로는 수익을 창출하는 데 한계가 있다는 점에서 대중도 쉽게 다가가고, 작가에게 수익도 안겨줄 수 있는 저가형 상품이 필요하다는 생각이 들었다. 그래서 만들어 낸 것이 'DIY 키트'다. 홍대 플리마켓에서 착안한 수공예 작가들의 DIY 키트는 작가들에게는 수익 상품이 되고 대중에게는 직접 창작에 참여하며 예술을 경험한다는 의미도 있었다. 손뜨개 DIY 키트부터 폐현수막을 재활용한 페니캔디 열쇠고리 DIY 키트 등 여러 작가들과 다양한 상품을 구성해 판매를 시작했다. 그중 환경을 생각하는 재활용 카네이션 DIY 키트는 온라인 디자인숍에서 판매 1위를 기록하며 높은 인기를 끌었다.

수공예 작가들의 DIY 키트 아이디어는 교육 프로그램으로도 연결됐다. 작가와 수강생이 함께 창작하는 프로그램을 기획하고 시립미술관, 지방자치단체, 공공기관 등을 중심으로 예술 교육 프로그램을 유치했다. 최근에는 여러 분야에서 교육 프로그램이 각광 받고 있지만, 위누는 보다 일찍부터 교육 프로그램을 기획하고 수익 사업으로 연계해 왔다. 이제 소비자는 단순히 물건을 구매하는 것으로 소비를 끝내지 않고, 제품을 통해 기존에 얻을 수 있는 가치보다 더 큰 가치를 누리고자 한다. 나이키는 신발만 파는 것이 아니라 신발을 신고 할 수 있는 운동으로 전 세계 사람들과 게임을 하고, 집에서 혼자 레고를 가지고 놀던 아이들은 레고 커뮤니티에 가입하여 발명품을 서로 소개한다. 예술업계 또한 예술을 그저 한 번 멀리서 관람하는 것에 멈추는 게 아니라, 직접 만들어 보고 교육하는 방향으로 나아가고 있다는 점에서, 벌써 10년 전부터 한발 앞서 다양한 경험을 축적하고 시행해 오고 있는 위누의 선견지명이 느껴졌다.

하지만 사업 초기, 경영은 결코 쉽지 않았다. 플랫폼이 제 기능을 하기 위해서는 콘텐츠의 공급자와 수요자가 모두 필요하다. 하지만 이제 막 시작한 작은 벤처인 위누가 예술가들을 불러모으고, 구매할 수 있는 상품을 기획하고 홍보하며 순환시키는 구조를 만들기까지는 시간과 경험이 필요했다. 오프라인 전시와 교육 프로그램 등으로 조금씩 영역을 넓혀 보았지만 기반을 다지기까지 효과는 미미했다.

더욱이 예술가들과 함께 일하는 위누의 업무 속도는 허미호 대표가 몸담았던 IT업계의 시간과는 다르게 흘러갔다. 여타 시장과는 달리 짧은 시간 내에 안정적인 수익 모델을 창출하기가 쉽지 않았다. 조직 내 대부분의 멤버가 예술가로 이루어져 있기에 일을 진행하는 방식에서도 변수가 많았다. 성과 중심의 업무 체계가 아닌 위누의 적합한 사내 문화와 업무 진행 시스템을 갖출 필요가 있었다. 2011년, 창업 3년만에 위기가 찾아왔다. 함께 해오던 다섯 명의 팀원이 위누를 떠난 것이다. 전체 직원의 절반이 넘는 인원이었다.

비즈니스 모델이 불분명하고 수익 창출도 안정적이지 않은 어려운 상황에서 그들의 발길을 막을 수는 없었다.

사회적기업의 정체성을 원동력으로

허미호 대표가 처음부터 사회적기업을 염두에 두고 사업을 시작한 것은 아니다. 처음 창업을 했을 때에는 사회적기업이라는 개념조차 낯설었다. 하지만 작가들과 꾸준히 소통하는 과정에서 차츰 예술업계가 지닌 사회 문제에 위누가 하나의 대안을 제시할 수 있을 거라는 확신을 갖게 되었다. 마침 정부에서 2007년부터 사회적기업 인증제를 시행했고 위누는 2010년 서울형 사회적기업 인증을, 2013년에는 고용노동부에서 사회적기업 인증을 받았다.

위누도 그러했겠지만 사회적기업 인증제도를 두고 많은 사회적 기업, 소셜벤처는 선택의 고민에 빠지곤 한다. 정부가 운영하는 제도인 만큼 관련 지원 체계와 잘 연동된다는 장점이 있지만, 기업이 매순간 마주하는 '시장'의 관점과 다소 충돌이 생길 수 있기 때문이다. 특히 안정된 수익을 창출하기 어려운 대부분의 초기 소셜벤처들에게 이러한 지원 제도는 매우 매력적이다. 그래서 무분별하게 접근했다가 예상치 못한 어려움을 겪는 경우도 종종 있다. 어떤 제도나 그러하듯이 그 제도가 모두에게 무조건 긍정적일 수는 없기 때문이다. 때문에 전문가들은 제도에 의존하는 것이 아니라 각 기업의 상황을 고려하여 제도를 활용하기를 권한다.

공공기관과 예술 프로젝트나 예술 교육 프로그램을 연계하고 협업하는 위누의 경우 사회적기업 인증이 큰 도움이 되었다. 국내 공공기관은 사회적기업의 제품을 3퍼센트 이상 구매하도록 권장 받고 있으며 조달청 등에서도 가점을 주거나 제한입찰을 진행하는 경우도 늘고 있다. 무엇보다 인증제도를 통해 확고히 한 사회적 기업으로서의 정체성이 허미호 대표에게는 든든한 버팀목으로 작용했다. 사회적기업 인증마크는 단순히 기업 홍보를 위한 것이 아니라 우리가 사회적인 가치를 추구하고 있다는 다짐이기도 하다. 이는 위누가 10년 넘는 세월 동안 흔들리지 않고 방향을 찾아 나아가게 만든 지표로 작용했다.

2011년, 팀원들이 떠나가는 위기 상황 속에서도 마찬가지였다. 그리고 이러한 위누의 정체성을 이해하고 지지하는 사람들이 있어 허미호 대표는 힘든 시기를 버텨낼 수 있었다. 특히 김후성 감사의 영입이 큰 힘이 되었다. 회계사 출신의 김후성 감사는 위누의 회계 관리와 ERP(생산관리부터 판매, 회계등 기업 경영 자원을 최적화하는 전사적 지원 관리 시스템) 도입 등에 도움을 주었다. 덕분에 향후 새로운 프로젝트를 할 때 어떠한 방식으로 재무 구조를 짜야 하는지 체계화할 수 있었다. 프로젝트 별로 주먹구구로 진행해 왔던 기존의 방식을 전문가의 손길로 정비하기 시작했다. 새로운 직원들도 채용했다. 예술 분야에 대한 전문성도 고려했지만 위누라는 플랫폼을 함께 이끌어 나가기에 적합한 기획자로서의 역량에 무게를 두었다. 무엇보다 조직 문화와 성과 관리를 재정비하는 것이 중요했다. 위누는 예술가와 함께 일하는 플랫폼이기 때문에 업무의 성과만을 절대평가할 수는 없다. 그러나 투자를 받거나 지자체 혹은 다른 기업들과 함께 공동업무를 진행하는 소셜벤처라는 점에서 성과 관리는 조직에 꼭 필요했다. 조직이 서서히 시스템을 갖추는 동안 기회는 의외의 모습으로 찾아왔다.

위누는 2012년 DIY 키트의 연장선상에서 작은 프로젝트를 시도했다. DIY 키트에서 버려지는 재료들을 활용하여 무언가 새로운 것을 창조하자는 발상에서 시작한 '아트업 페스티벌(ARTUP FESTIVAL)'이 그것이다. 버려진 장난감을 재활용하는 '금자동이'라는 사회적기업에게 함께 리사이클 축제를 열자고 제안했다. 일산 호수공원에서 2박 3일간 열린 제1회 아트업 페스티벌은 100명의 아티스트가 모여 금자동이가 제공한 20톤에 달하는 버려진 장난감으로 다양한 조형물을 제작하며 시민들과 소통하고 또 환경과 정크아트에 대한 메시지를 공유했다.

처음에는 장난감뿐이었지만 축제를 거듭할수록 점차 나무, 폐가전 등 다양한 소재와 제품들을 재활용해 작품으로 탄생시켜나갔다. 사람들의 관심도 높았다. 예술가의 작업 현장을 직접 바라보고 소통할 수 있는 흔치 않은 경험에 호응이 뜨거웠다. 이듬해에 여의도 한강공원에서 열린 두 번째 아트업 페스티벌은 전자제품 폐기물을 소재로 1박 2일간 진행됐다. 이때 만든 작품들은 북서울시립미술관, 부천문화재단, 마포구 벼룩시장인 늘장, 판교생태학습원 등에서 순회 전시를 하며 페스티벌 이후에도 주목 받았다.

의미 있고 호응도 좋았던 덕분일까. 위누는 2014년 서울시와 협약을 맺으며 아트업 페스티벌의 규모를 확장했다. 서울시는 버려지는 제품들을 가장 많이 보유하고 있는 곳이기도 했다. 광화문광장이나 동대문디자인플라자 등 유동 인구가 많은 장소를 제공 받으면서 인지도도 제법 높아졌다. 2012년부터 2017년까지 위누는 인도네시아를 포함한 국내외 공간에서 총 일곱 번의 아트업 페스티벌을 개최했다.

"처음엔 재미로 시작했던 아트업 페스티벌인데 이제는 여러 전문 손길이 더해져 페스티벌에 대한 철학부터 진행까지 전 과정이 잘 다져진 정교한 예술활동이 되었어요."

수많은 작품 중에서도 허미호 대표는 폐나무를 활용해 도심 속 공원을 만든 작품이 기억에 남는다고 말했다. 대부분 벤치 같은 공원 속에 있을 법한 조형물들을 만들었는데, 한 작가가 화장대를 만들었다. 의아한 마음으로 화장대 문을 연 순간, 말로는 표현할 수 없는 감정이 밀려왔다. 그 속에 또 하나의 작은 공원이 펼쳐졌다. 생각의 관습을 깨고 다른 감각을 통해서 사람들에게 쿵 하는 감동을 주는 것이 예술이구나, 우리는 이러한 예술을 지지하고 있구나 하는 생각에 가슴이 벅차올랐다.

매해 페스티벌이 거듭되며 규모가 커질수록 회사 또한 안정을 되찾고 조금씩 성장하기 시작했다. 무엇보다 큰 변화는 참여 작가들의 성장이었다. 세상과 동떨어져 자신만의 세상을 만들고 그곳에서 작업을 하던 작가들이 공공의 장소에서 작업하고, 다른 작가들과 협업하고, 관객들과 소통하기 시작했다. 대부분의 작가들은 작품으로 이야기한다. 창작활동의 모든 과정이 대중에게 노출되는 경험은 극히 드물다. 하지만 아트업 페스티벌에서 재료를 고르는 것부터 완성품을 소개하는 과정까지 모든 단계를 여러 사람에게 공개하는 경험을 하며 작가들은 자신만의 틀을 깨고 타인의 관심에 귀 기울이기 시작했다. 소통은 작품에 담긴 메시지도, 그 결과물도 바꾸어 놓았다.

점점 변화하는 작가들을 보면서 허미호 대표 또한 위누의 비전이 비단 작가들이 작품을 팔 수 있는 시장을 구축하는 단순한 목적에서 끝나는 것이 아님을 확인할 수 있었다. 위누의 역할은 작가와 관객들이 만날 수 있는 환경을 조성하는 데 있다. 판을 깔아놓으면 그 위에서 작품이 탄생하고 소통이 시작된다. 변하는 것은 작가만이 아니다. 작가와 소통하며 작품을 경험한 관객에게 예술은 조금 더 자신의 삶에 가깝고 친숙한 것으로 다가간다. 축제가 끝나면 작품은 위누의 손을 떠나지만, 그게 무엇이건 간에 작가와 관객 모두에게 의미가 있는 결과물인 것이다.

느린 협업으로 소통을 이끌다

2011년의 고비를 넘기면서 위누는 비즈니스 모델과 기반을 새롭게 다졌다. 현재는 아트업 페스티벌 이외에도 교육과 콘텐츠 분야를 나누어 각각 3분의 1씩 비중을 두고 일하고 있다. 기업들과 함께 여러 온오프라인 채널을 통해 작가들을 소개하기도 한다. 네이버와 함께한 '헬로 아티스트'는 신진 작가를 발굴하여 소개하고 지원하는 프로젝트였다. 현대자동차와 함께 '브릴리언트 30'이라는 아트마케팅을 통하여 국내외의 역량 있는 작가와 큐레이터의 전시를 소개하고 해외에 알리기도 했다. 그런가 하면 페스티벌은 작가들이 협업을 경험하는 동시에 네트워크를 다지는 기회다. 짧게는 30시간, 길게는 두세 달 동안 페스티벌을 준비하며 다른 작가들과 호흡을 맞춰 공동 작품을 만들기도 하고, 관객들과 소통하는 경험도 하는 것이다. 몇몇 작가들은 이를 계기로 교육 프로그램을 함께 진행하거나 다음 페스티벌 혹은 다른 프로젝트를 함께하며 위누와 인연을 이어간다.

위누는 예술 플랫폼을 세우고 비즈니스 모델을 만드는 것보다 그 과정을 더 중시한다. 이는 위누가 다양한 배경을 가진 예술가들과 함께 일하고 있기 때문에 더욱 놓쳐서는 안 될 부분이다. 사업의 성공도 중요하지만, 그 과정에서 예술가들이 자신의 작업을 지속하고 확장하는 것이야말로 위누가 중요하게 생각하는 부분이다. 함께 협업하는 이들은 물론 위누를 구성하는 직원들도 예술가가 많다. 작곡가, 재즈 뮤지션 등 공연기획자와 영화연출자까지 다양한 사람들이 모여 있다. 자유로운 영혼 열댓 명이 모여 일하는 모습은 어떠할지, 다른 회사들과는 어떻게 다를지 궁금했다.

위누는 모든 직원이 탄력 근무를 한다. 허미호 대표부터 아이를 키우는 워킹맘이고 그 외에도 자녀를 키우는 직원이 여럿이라 아이 일정에 맞추어 이른 퇴근을 하는 사람도 있고, 주 20시간만 탄력 근무를 하는 사람도 있다. 일도 중요하지만 삶과의 균형을 중요하게 생각하는 사람들이 모여 있는 회사다. 사무실로 들어가는 길목에 있는 사물함부터 자신의 개성을 표현할 수 있는 독특한 그림들이 붙어 있어 범상치 않아 보였다. 개성이 넘치는 듯 보이지만 이들은 비슷한 가치를 추구하는 사람들, 또는 조금 결이 다르더라도 서로의 가치관을 존중하는 사람들이라고 느껴졌다. 만약 추구하는 삶의 가치가 많이 다르다면, 밥을 굶더라도 예술은 해야겠고, 생활 패턴이 맞지 않아 회사를 다니지 않겠다는 예술가들의 마음속에 들어갈 수 없었을 것이다. 개인을 이해하고 지지하는 위누의 방식은, 그래서 좀 느리다.

쉼 없이 일하고 빠른 일 처리를 미덕으로 여기는 기업에서는 위누만의 속도감에 적응하지 못한다. 위누가 스스로 안정적인 수익을 창출하고 재정을 탄탄히 하고자 하는 이유도 거기에 있다. 외부의 투자를 받고, 세상의 속도를 강요하기 시작하면 예술가들이 무너진다. 허미호 대표는 각자의 시간 속에서 살아가는 예술가와 소통하는 그만의 방식이 있다. 업무 과정을 깐깐하게 체크하기 보다는 각자의 업무 목표를 명확히 정하고 완성도와 결과를 내야 하는 시간을 분명히 한다. 천천히 작가들의 마음을 열고 함께 협력할 수 있는 장으로 천천히 이끌어 낸다. 빠른 세상에서 느린 협업을 통해서 다다르는 문제 해결 방법을 위누는 선택하고 있다.

"2016년에 환경 디자이너 윤호섭 교수님께서 위누의 멤버들을 모아 두고 워크숍을 해 주셨어요. 교수님의 추천으로 위누의 멤버들 모두 〈나무를 심는 사람〉이라는 책을 필사하면서 마음을 새로이 다잡고 다시 한 번 페스티벌을 생각하는 시간을 가졌던 의미 깊은 경험이었어요. 단순히 예술가를 위한 행사를 진행하는 것이 아니라 환경에 대해 제대로 돌아보는 기회가 됐어요. 지난 4년간도 환경을 고려하지 않았던 것은 아니지만, 이렇게 관점을 조금 틀어 생각하니 도시락을 시켜 먹던 것도 밥차를 부르는 걸로 바꿔 일회용 사용을 줄이는 방식으로 행동이 달라지더라고요. 그렇게 작가들과 함께 필사하면서 마음을 다듬어 나갔어요. 준비할수록 점점 더 정말로 환경을 생각하는 페스티벌이 만들어진 것 같아요. 모르고 했을 땐 특이한 소재로 작품을 만드는 과정이 마냥 재미있고 신났다면, 진정성이 생기고 나니 페스티벌에 대한 자신감이 생기기 시작했죠."

필사는 빠르게 업무가 진행되는 페스티벌 기획과는 참으로 동떨어진 활동이다. 빠른 순발력을 요구하는 페스티벌의 한가운데에 펜과 노트를 든 허미호 대표를 보며 위누를 지탱하는 힘이 무엇인지 눈으로 확인한 듯한 기분이 들었다.

허미호 대표는 사실 아트업 페스티벌로 주목 받고 위누에 자금을 지원해 주겠다는 이들이 증가한 시점부터 더 큰 고민이 뒤따랐다고 고백한다. 업사이클링과 같은 환경 친화적인 활동과 문화 행사에 투자하려는 기관과 회사가 늘어나면서 위누는 여러 곳에서 전폭적인 러브콜을 받았다. 솔깃한 제안들이 늘어날수록 허미호 대표는 고민에 빠졌다. 많은 소셜벤처들이 성공 사례를 만들며 성장을 시작할 때 이런 제안들을 받곤 한다. 그러나 위누처럼 작은 기업은 말 그대로 너무 작아서 큰 조직과의 협업 한 번이 그간 쌓아온 것을 송두리째 변질시키는 위협으로 탈바꿈할 수도 있다. 가령 외부의 개입으로 불필요한 요소들을 적용해야 한다거나 브랜드에 큰 조직이나 관련 이름을 넣어 사실상 대외적으로 인지도를 빼앗기는 등의 위협이 당연히 존재한다. 물론 기관이나 기업의 투자가 있으면 페스티벌은 더욱 풍성해질 수 있을 터였다. 하지만 외부의 자금으로 풍족해지면, 그만큼 행사의 주도권을 잃기 쉽다. 페스티벌의 장소부터 업사이클링하려는 재료의 선택권, 페스티벌의 목적, 개최하는 패턴까지 위누가 주관하는 요소들이 줄어들수록 위누의 역할이 페스티벌 대행업체로 전락할 수도 있었다. 허미호 대표는 위누의 정체성이 흔들리는 것만큼 큰 위기가 없다고 생각했다.

물론 위누가 받았던 제안들은 대부분 특정 사업이나 프로젝트에 대한 지원 또는 협업이기 때문에 실제적인 기업 지배 구조에 영향을 주지는 못하는 경우였다. 그러나 다른 많은 소셜벤처가 회사의 지분을 내어 주고 투자금을 받는 상황이라면 좀 더 고민이 깊어진다. 사실상 조직의 부분적인 주인 중 한 명으로 새로운 투자자가 등장하는 격이기 때문이다. 특히 지원이나 투자의 방향이 해당 기업의 사회적 가치나 목적과 충돌할 때 그 선택의 결과는 정말 치명적일 수 있다. 투자를 잘못 받아 불필요한 고생을 하거나 좋지 않은 결과를 낸 벤처나 소셜벤처의 사례는 무수하다.

이러한 위험을 경계해 위누는 아트업 페스티벌의 경우도 서울시에서 장소나 예산을 지원 받더라도 전체 예산 비율에서 위누의 출자 비중을 높였다. 다행히도 교육 프로그램이나 DIY 키트 제품 수익, 기업과 협업한 콘텐츠 제작 수익 등 유혹에 흔들리지 않을 정도로 안정된 재원을 마련해 둔 것이 큰 힘이 되었다.

11년차 기업이 아직 스타트업이라는 이름으로 서 있는 이유를 알 법도 했다. 위누는 성장이 우선인 다른 기업들과는 다르다. 남들보다 느리더라도 정체성을 지켜 나가며 사회적기업으로서의 의미와 방향을 잃지 않는 것이야말로 위누가 '여전히' 잠재력 있는 스타트업으로 손꼽히는 힘이었던 것이다.

예술 교육, 글로벌 문화를 연결하다

요즘 예술계에서는 교육과 체험 프로그램에 대한 선호가 높아졌다. 위누 또한 서울시립미술관과 5년째 미술 교육 프로그램을 진행하고 있다. 전시와 연계할 수 있는 유사한 체험 프로그램을 구상하고 적합한 작가를 연결하는 것이 위누의 일이다. 예를 들어 백남준 작가의 전시가 있을 때 젊은 작가들과 기성 작가들, 그리고 시민들이 함께 유사한 작품을 만들어 볼 수 있는 체험 프로그램을 제공하는 것이다.

예술 교육은 주로 음악과 미술 교육에 한정되므로, 이 두 분야의 작가들은 수익이 안정적인 경우가 많다. 하지만 연극이나 공연 같은 경우, 공연의 기회를 잡는 것조차 쉽지 않고 무대에 서더라도 수익이 안정적이지 않다. 위누는 이러한 공연 분야의 안타까운 현실 속에서 어떤 일들을 할 수 있을까 계속 고민해 왔다. 그러다 떠올린 것이 '연극 키트'였다.

어쩌면 무모한 일이기도 했다. 연극 키트는 소품은 물론 스토리까지 모든 것을 위누에서 직접 만들어야 하는 상황이었다. 하지만 그 동안 다양한 DIY 키트를 만들어 판매했던 위누에는 오랜 노하우가 있었다. 이를 기반으로 연극 키트와 나아가 학생 교육 프로그램을 만들고 공연이 없는 연극 배우들에게 활동의 기회는 물론 새로운 수익 창구를 열어 주었다.

"교육 프로그램이라고 하면 쉽게 생각하는 분들도 많지만, 깐깐한 요즘 엄마들의 입맛에 맞춘 프로그램을 만들지 않으면 학원과 다양한 방과 후 학습들 사이에서 경쟁력을 잃어요. 저도 아이 엄마지만 단순히 연극을 가르쳐 준다고 하면 학부모들은 반기지 않죠. 그러나 각 나라의 문화를 교육한다고 하면, 외국인 학교에서 할 법한 문화 교육을 받을 수 있는 기회라 부모님의 선호가 높아져요. 저희는 부모의 그런 마음을 이해하고 전략으로 삼았어요."

'자멘호프의 이야기 상자'라고 이름을 붙인 이 프로젝트는 세계 각국의 동화를 아이들 인형극으로 만드는 연극 교육 프로그램이다. 아이들이 가장 배우기 쉬운 언어라고 알려진 국제 공용어 에스페란토를 만든 폴란드 의사 자멘호프의 이름을 따왔다. 수많은 이야기를 담는 마차는 무대 디자인을 하는 위누의 팀원이 제작에 참여해 정교하게 만들었다. 음악을 하는 다른 팀원은 연극의 스토리에 맞는 배경 음악을 직접 작곡하기도 했다. 동화의 배경이 되는 나라마다 인물들의 옷이 달라지기 때문에 중앙대학교 문화콘텐츠

　　　　　　　　허미호 - 예술 공유 서비스 기업 위누

기술연구원에 동화의 내용과 해당 국가의 문화에 대한 자문을 구하기도 했다. 인형 옷은 아이들의 어머니들이 교육을 받아 일일이 수작업으로 제작했다. 해외 민족이나 부족의 전통 의상을 제작할 때에는 다문화 가정의 부모들에게 특히 많은 도움을 받았다.

이렇게 만들어진 '자멘호프의 이야기 상자'는 학교 방과 후 수업이나 지역 아동센터에서 다양하게 활용하고 있고, 크고 작은 기관의 미술시간에도 활용할 수 있는 형식을 가지고 있다. 이 프로젝트는 2015년부터 시작해 2016년 여름까지 총 6회 정도 파일럿 프로그램을 진행했다. 예를 들어 중국에 있는 산과 부족을 그리고 시나리오에 맞춰서 공연까지 하는 게 한 학기의 프로그램이다. 프로그램에 참여한 아이들에게는 해당 나라에 대해서 배우고 스티커를 붙이거나 그림을 그릴 수 있는 학습용 워크북을 제공한다.

연극 키트를 통해서 그 국가가 잘 전달될수록 아이들의 얼굴에도 웃음꽃이 피어났다. 생김새가 달라서 주눅이 들어 있던 다문화 가정의 아이가 가장 활발하게 수업에 참여했다. 중국의 동화를 연극으로 만들 땐 중국에서 온 아이들의 부모님이, 시리아의 동화를 연극으로 만들 땐 시리아에서 온 아이의 부모님이 많은 도움을 주었다. 아이들은 부모님이 함께 참여해서 동화의 완성도를 높이는 과정을 곁에서 지켜보며 표정이 밝아지고 분위기가 변했다. 교실 한켠에 조용히 앉아 있던 아이가 수업을 진행할수록 밝아지는 모습을 보면서 허미호 대표는 자멘호프의 이야기 상자가 연극계 예술가를 위한 시장 창출을 넘어서 또 다른 가치를 창출했음을 깨달았다.

위누도 상상하지 못했던, 삶을 변화시키는 예술의 힘을 확인하는 순간이었다.

"다문화 교육은 다른 문화권에 있는 이들을 이해하는 것이라고 생각하지 않아요. 관계의 반전이 필요해요. 그 아이들을 우리가 도와줘야 하는 존재라고 생각하지 않고, 반대로 우리가 그 아이의 도움을 받고 배울 때, 공기가 확 달라지는 반전이 일어나죠."

처음 허미호 대표는 예술가들의 삶을 개선시키는 것을 목표로 위누라는 플랫폼을 만들었다. 그러나 위누가 성장하고 자신만의 이야기를 만들어 가는 과정에서 위누는 처음 의도했던 것 너머의 다른 여러 사회 문제에 접근하고 있었다. 아트업 페스티벌로 환경 문제에, 자멘호프 이야기 상자로 다문화와 차별의 문제에 다가선 것이다. 위누가 플랫폼의 역할을 하고, 그 플랫폼을 통해서 수없이 많은 사회 문제를 해소할 수 있는 가능성을 발견한 것은 인터뷰를 하는 과정에서 가장 즐겁고 가치 있는 순간이었다.

공감 위에 세워진 기업

많은 사람들이 사회적기업을 말하며 봉사 또는 희생이라는 단어를 함께 떠올리곤 한다. 그러나 사회적기업은 봉사 단체와는 다르다. 막연하게 사람들의 선의에 의지하거나 기업가의 희생을 요구해서는 안 된다. 허미호 대표 또한 사회적기업을 하면서 희생에 대해서 생각해 본 적이 없다고 말한다. 희생은 내 것을 내어 주며 소진이 되어가는 과정이지만, 위누가 10년 넘는 세월에서 발견한 것은 '성장'이었다. 내가 성장하면서 상대방도 성장하는 과정. 함께 성장해 나가며 사회 변화를 모색하는 것이 그가 생각하는 사회적기업의 의미다.

물론 그 성장이나 성과가 다른 기업처럼 눈앞에 숫자로 명확하게 드러나지는 않는다. 사회적기업으로서 위누의 성과를 말할 때, 여기에는 물질적 성과뿐만 아니라 지난 11년간 위누가 느리게 성장하며 일궈 놓은 사회적 가치 또한 포함된다. 예술가들의 삶을 변화시키고, 그들의 삶이 지속적으로 유지될 수 있는 환경을 만들고 있다는 점에서 위누의 사회적 가치가 입증되는 것이다. 그러나 사회문제의 변화는 더디기 마련이다. 이윤만이 아니라 사회 변화를 목표로 삼는 사회적기업가는 결과가 눈에 즉시 보이지 않아 답답함을 느끼고 좌절을 경험하기도 한다. 기업가의 입장에서, 때론 명확하게 눈에 보이지 않는 결과들이 답답하지는 않을까?

"저는 아주 어릴 적부터 하고 싶은 일은 꼭 하는 편이었어요. 목표만을 위해서 하고 싶은 것을 무조건 참는다면 그 결과가 나왔을 때 참담함이 찾아오지만, 과정 속에서 해 보고 싶은 일들을 다 하면 결과에 연연하지 않게 되는 것 같아요."

허미호 대표가 집중하는 것은 '얼마나 해결되었나'보다는 문제의 영역에 있어 어려움을 겪고 있는 이들이 '얼마나 힘든가', '어떻게 하면 함께 성장할 수 있는가' 하는 부분이다. 그래서 그는 사회적기업가에게 가장 중요한 것은 각 분야에 대한 전문 지식이나 기술이 아니라 '공감 능력'이라고 생각한다. 어떤 사회 문제든 공감하고 고민하다 보면 방법을 찾을 수 있다고 믿기 때문이다. 매년 새롭게 바뀌고 성장하는 아트업 페스티벌이 그러했고, 위누의 교육 프로그램들이 그러했다. 결과론적 사고방식에서 벗어나니 11년의 시간도 그리 길지 않았다.

"사실 우리가 접하는 다양한 사회 문제들은 이미 각 문제에 집중해 연구하고 해결 방법을 모색하는 인프라가 충분히 갖추어져 있어요. 우리는 그들과 좋은 파트너십을 맺어서 문제를 해결해 나가요. 다문화 콘텐츠 연구를 하는 문화콘텐츠기술연구원은 자멘호프의 이야기 상자의 큰 파트너이고, 다문화 가정의 부모님과 그 아이들 또한 저희에겐 파트너예요. 이때 중요한 것은 파트너와 협력하고 또 함께 성장하며 문제에 다가가려고 하는 저희의 태도예요."

2017년 위누는 '아트업 서울'이라는 새로운 프로젝트로 새로운 전환점을 준비하고 있다. 지금까지 다양한 프로젝트로 진행해 오던 사업들을 통합하고 발전시켜 공간을 기반으로 한 문화예술 커뮤니티를 만드는 작업이다. 새롭게 등장하는 플랫폼 위에서 또 어떤 이들과 만나 새로운 사회 변화를 불러올지 그 미래가 기대된다.

허미호 - 예술 공유 서비스 기업 위누

위누의
소셜 프로젝트

예술가와 시민이 만나는
공간 기반 커뮤니티
'아트업 서울'

위누는 서울시와 함께 예술가와 시민들이 소통하는 커뮤니티 공간 '아트업 서울(Art up Seoul)' 프로젝트를 추진하고 있다. '아트업 서울'은 방치되어 있던 유휴공간을 활용해 공간 기반의 커뮤니티를 만들어 예술가들의 창작 활동을 지원하고 시민들에게는 예술 경험과 전시, 예술 교육 등 다양한 문화 프로그램을 제공한다.

축제도 즐겁고 의미 있지만, 예술가들의 지속적인 창작 활동을 위해서는 무엇보다 공간이 절실했다. 때문에 위누는 기존의 사업들을 '아트업 서울'에 통합하고 공간을 기반으로 한 플랫폼을 기획했다. 아트업 서울은 서울시와 협력하여 유휴공간을 활용해 임대료를 절감하고, 작가들에게는 안정적인 작업 공간은 물론 효율적인 작업을 위한 다양한 장비와 편의시설을 지원한다.

그 시작으로 2017년 12월, 위누는 성동구에 첫 번째 아트업 서울 커뮤니티 공간을 오픈했다. 약 130평 규모의 공간을 기획하고 조성하는 것은 물론, 공간 운영과 프로그램 기획을 위누가 총괄했다. 위누는 앞으로 이곳에서 신진 예술가를 발굴하고 관련 기업, 기관과의 전시 연계를 통해 예술가들에게 더 많은 창작과 전시 환경을 제공하고 교육은 물론 수익 활동과 홍보도 지원할 예정이다. 또 수동적인 관람 형태의 전시나 교육 프로그램이 아닌, 주도적인 참여형 예술 전시와 문화 프로그램으로 예술가와 예술가, 예술가와 시민들이 더욱 가깝게 소통할 수 있는 네트워크 공간을 점차 다양한 지역으로 넓혀갈 예정이다.

위누는 성동구에 이어 서울 은평구에 위치한 서울혁신파크에 두 번째 아트업 서울 커뮤니티 공간을 준비 중이며 2018년에는 또 다른 지역에 커뮤니티 공간을 확장할 예정이다. 장차 멤버십 프로그램도 구축해 이를 기반으로 안정적인 운영을 도모할 생각이다.

허미호 – 예술 공유 서비스 기업 위누

Q   아트업 페스티벌과 아트업 서울의 차이점은 무엇인가요?

아트업 페스티벌은 1년에 한 번, 테마를 가지고 일정기간 동안 작가들을 모아 진행하는 행사라면, 아트업 서울은 다른 목적으로 사용되었거나 방치되었던 유휴공간을 리모델링하여 지속적으로 시민들이 참여할 수 있는 문화예술공간을 형성하는 것입니다. 아트업 허브 스페이스를 먼저 확보해 복합 예술 작가 60여 명이 활동할 수 있는 공간을 만들고, 2018년에 예정되어 있는 아트업 스페이스1에는 회화와 조형작가 20여 명, 그리고 아트업 스페이스2에는 공연예술작가 20여 명이 함께 참여할 수 있는 공간을 기획하고 있습니다.

Q   이 프로젝트를 시작하게 된 동기는 무엇인가요?

최근 영국과 일본 등 각 지역에 임대가 어렵거나 방치되어 있는 공간들을 청년들이나 시민들이 활용하여 공간의 낭비를 줄이고 창의적인 활동을 모색하는 일이 활발하게 일어나고 있습니다. 한국도 비어있는 상가 등 유휴공간이 많아서 이를 활용하는 공유 서비스가 적극 생겨나고 있습니다. 영국의 'Somewhere to'라는 프로젝트에서는 지금까지 총 30만여 명의 청소년들이 유휴공간에 모여 음악을 만들거나 그림을 그리는 등 주도적으로 창의 활동을 하는 프로젝트를 2만여 회 가까이 여는 것을 볼 수 있습니다. 16세에서 25세 사이의 청년과 청소년들이 자발적으로 즐기고 배울 수 있는 공간이 부족하다는 아이디어에서 시작된 활동인데, 한국 또한 청소년들이 창작활동을 할 수 있는 공간이 없기는 마찬가지라는 점을 포착하였습니다.

©군포사진작가

©사진작가

허미호 - 예술 공유 서비스 기업 위누

패션 진로 교육 기업
프로젝트 비욘드
PROJECT BYOND

김경환 대표

김경환

아버지를 일찍 여의고 홀어머니 아래서 넉넉치 못한 성장기를 보냈다. 친구들이 유명 브랜드의 옷을 입는 것이 부러웠으나 집안 형편을 아는 터라 참는 편을 택했다. 그렇게 차츰 꿈을 접는 것, 꿈을 꾸지 않는 것에 익숙해져 대학 진학은 애초에 관심 밖이었다. 아르바이트로는 동기 부여도 비전도 찾을 수 없었다. 이곳저곳 방향 없이 옮겨 다니며 아르바이트를 하다 문득 스스로를 돌아보았고, 그제서야 깨달았다. 자신에게 꿈이 없었음을. 꿈을 찾기 위해 깊이 고민했고, 꿈을 이루기 위해 공부가 필요하다는 사실을 절감하며 대학에 진학, 경영학을 전공하며 자신이 좋아하던 패션 분야 창업을 위해 다양한 도전을 했다. 크고 작은 실패와 성공을 경험하며 그가 찾은 비전은 자신과 같이 가정 형편 때문에 꿈꾸기를 포기하는 청소년, 특히 패션 분야에 관심이 있으나 차마 도전할 생각조차 못하는 친구들을 지원하는 일이다. 2014년 소셜벤처 드림스타트업을 창업하고 2017년 사명을 프로젝트 비욘드로 바꾸며 흔치 않은 패션 교육 사업을 하는 소셜벤처로 자리 잡고 있다.

김경환 - 패션 진로 교육 기업 프로젝트 비욘드

프로젝트 비욘드

프로젝트 비욘드는 청소년과 청년이 자신의 꿈을 찾고 패션 분야 진로를 탐색할 수 있도록 돕는 교육 프로그램을 운영하고, 패션 브랜드나 디자이너와의 콜라보레이션 작업으로 패션 아이템을 제작하는 소셜벤처다. 2014년 김경환 대표가 한국사회적기업진흥원에서 주최한 사회적기업가 육성사업 공모에 참가, 선정되며 지원을 받았고 프로젝트 비욘드의 전신인 '드림스타트업'을 창업하기에 이르렀다. 2015년부터 서울로 터전을 옮겨 패션 분야 진로에 대한 교육 프로그램 이외에도 청소년 패션 실무 경험을 위한 패션쇼를 개최하고, CJ 꿈키움 창의학교에 패션 분야의 멘토로 참여하였다. 2017년 4월에는 드림스타트업에서 프로젝트 비욘드로 사명을 변경하였다.

프로젝트 비욘드(PROJECT BYOND)는 한계를 뛰어넘어 성장하자는 의미를 담고 있다. 어려운 환경에서도 자신의 꿈을 잃지 않고 미래를 찾아 나가는 청소년들을 응원하려는 김경환 대표의 창업 동기가 담긴 사명이다.

꿈을 디자인하는 청년,
청소년에게 손 내밀다

대학을 다니며 정부 산하 기관 창업 공모에 선정되어 유명 모델들과 협업을 하며 학생들을 이끌어 패션쇼를 개최하고, 대기업이 주최한 교육 프로그램의 멘토로 유명인사들과 어깨를 나란히 한 20대 청년 CEO. 인기 패션 브랜드나 디자이너와 콜라보레이션으로 상품 제작까지, 김경환 대표가 지난 3년여 동안 해 왔던 일을 조금 멀리서 바라보고 쭉 나열하면 거침 없이 꿈을 향해 달려가는 굴곡 없는 삶이 그려질지도 모른다. 그러나 한발 들어가서 그의 이야기를 들어보면 상황은 완전히 달라진다.

꿈을 향해 달리기는커녕 스스로 꿈을 꿀 수 있다는 상상조차 하지 못하던 시절이 있었다. 그는 자신이 경험했던 시간을 발판 삼아 꿈을 찾지 못하는 이들에게 손을 내밀기로 결심하고 한 걸음씩 앞으로 나아가려 노력하고 도전한다. 소셜벤처라는 분야의 특성으로 인해 이 책에는 변화무쌍한 현재진행형의 도전 스토리가 많다. 미완의 이야기가 더 많고 아마 책이 세상에 나온 후 또 무수한 변화가 생길 것이다. 그러나 그의 이야기에는 소셜벤처 창업가가 어떻게 스스로의 비전을 찾는지, 그리고 이를 기업의 미션으로 연결하고 사람들에게 공감을 이끌어 내며 사회에 스며드는지 살펴보아야 할 흥미로운 지점이 여럿 있다.

꿈 없던 청년, 뒤늦게 꿈을 찾다

그가 초등학교 2학년 때 아버지가 돌아가셨다. 김경환 대표는 어머니 그리고 외할머니와 함께 울산에 살았는데, 어머니가 주로

김경환 - 패션 진로 교육 기업 프로젝트 비욘드

경제 활동을 하셨기 때문에 함께 지낼 수 있는 시간이 많지 않았다. 공업도시 울산에는 여유가 있는 중산층이 많았고 그와 비교해 자신의 형편이 넉넉하지 않음을 너무 이른 나이부터 깨달았다. 가지고 싶은 것이 생기고 돈이 필요하자 그는 옷 가게 점원을 비롯해 온갖 아르바이트를 했다. 인문계 고등학교에 진학했지만 의무를 채우듯 막연하게 학교를 다녔다. 고등학교 2학년 겨울방학 땐 요리학원을 다녔다. 기술을 배우는 편이 이후 생계를 위해 좋다고 생각한 어머니의 뜻을 따른 것이지만 딱히 흥미를 느끼지 못해 금방 그만두었다. 하고 싶은 것도, 공부를 해야 할 이유도 찾지 못한 그는 대학 입학 지원서도 제출해 보지 않고 고등학교 졸업 후 일찌감치 사회에 뛰어들었다. 그렇게 발을 내딛은 그 사회에서 그는 비로소 공부해야 할 이유, 꿈의 가치를 찾았다.

아르바이트를 하면서 그는 돈을 번다는 것, 일한다는 것은 무엇인지 온몸으로 체험하고 실감했다. 편의점부터 패밀리 레스토랑, 대기업의 일용직 등 닥치는 대로 일을 하다 보니 짧은 기간 동안 많은 직종을 거치면서 냉정한 사회의 단면을 보았다. 특히 일용직 경험은 어린 나이에 돈과 직무에 대해 깊은 고민을 하게 만든 계기였다. 인문계 고등학교를 나와 여러 가지 아르바이트만 하던 그는 특별한 기술도, 직무 관련 경험도 없는 상태였다. 하지만 공장의 작업 반장은 쉴 틈을 주지 않았다. 아니, 줄 수도 없었다. 당황하니 실수가 많아지고, 실수가 늘어나니 제품에 문제가 생겼다. 높은 급여에 끌려 용돈벌이로 시작한 일이었지만 1주일의 반도 지나지 않아 그는 일을 그만두어야 했다.

딱히 하고 싶은 일이 없었기 때문에 그저 보수를 보고 결정한 일이었는데, 돈이 전부가 아니라는 생각을 그때 처음 했다. 그 즈음부터 다른 사람들은 어떻게 직업을 찾고 일을 하는지 눈여겨보기 시작했다. 성인이 되었으나 친구들과 어울려 놀기 위해 주급을 주는 아르바이트를 여기저기 메뚜기처럼 옮겨 다니며 하다 문득 돌아보니 30대가 코앞인 사람들이 있는가 하면, 착실하게 목표를 세우고 달려가는 사람들도 있었다. 등록금을 벌기 위해 악착같이 아르바이트에 매달리는 사람들을 만나면 무엇 때문에 저렇게 열심일까 궁금해졌다.

그제야 스스로에게 물었다. '내가 하고 싶은 일은 무엇인가?' 패션에 관심이 많았고, 쇼핑몰을 운영하고 싶었던 게 떠올랐다. 하지만 준비도 없이 무작정 뛰어들 수는 없었다. 처음으로 진지하게 공부를 해야겠다는 생각이 들었다. 그래서 뒤늦게 시험을 치르고 울산과학대학교 유통경영학과에 진학했다. 1년 남짓 남들보다 먼저 세상 공부를 하고 왔을 뿐인데, 공부의 이유와 목표를 찾으니 학교 생활의 내실이 달랐다. 학과에서 두각을 나타내자 교수님들은 그에게 편입을 권했다. 꿈이 좀 더 구체화된 것은 울산대 경영학과로 편입하고 청년 창업 프로젝트에 참여하면서부터였다.

그때까지만 해도 쇼핑몰을 열고 싶다는 생각만 있었을 뿐 벤처나 아이템 개발에 대해서는 아는 게 없었다. 그런 그에게 학교는 무수한 기회를 제시하는 곳이었다. 창업 관련 수업에서 사업계획

김경환 - 패션 진로 교육 기업 프로젝트 비욘드

서를 쓰는 방법을 배웠고 교내 벤처 대회와 벤처 아이템 대회, 전국 대학생 창업 경영 대회 등에 나가면서 사업 아이템의 가능성을 객관적으로 진단하고 도전의 범위를 넓혀 나갈 수 있었다. 그러다 2014년 어느 날, 한 수업에서 김경환 대표는 꿈의 방향이 크게 변하는 순간을 마주한다. 처음으로 사회적 기업이라는 개념을 알게 된 것이다. 다른 사람들을 돕고 다른 사람들의 꿈을 위해서 일하며 돈도 벌 수 있다는 사실을 깨닫고는 그의 꿈이 바뀌었다. 몇 년 전, 자신과 마찬가지로 꿈도 없고 일의 의미를 고민해 볼 기회도 만나지 못한 사람들을 돕는 것. 자신이 찾던 '일의 의미'가 거기 있었다. 그렇게 소셜벤처 창업을 결심했다.

공감, 소셜벤처에 없어선 안 될 자산

김경환 대표는 자신이 경험했던 청소년기의 이야기를 인터뷰와 강의 등을 통해 자주 이야기하곤 한다. 그의 인생이 급격히 방향을 튼 결정적 순간이기도 하지만 또 한편으로는 무척이나 많은 이들이 그와 같은 성장기를 보냈거나, 여전히 그 안에 머물고 있기 때문이다. 스스로가 겪었던 어려움을 다른 이들에게 이야기할 때 그의 말에는 힘이 실려 있었다. 진솔한 경험담은 듣는 이의 이해와 공감을 이끌어 냈다. 김경환 대표의 창업은 바로 이 지점에서 시작했다. 자신과 마찬가지의 어려움을 겪는 청소년들의 마음을 누구보다 잘 이해했고 공감한다. 물론 그 공감력이 사업의 성공을 담보하지는 않지만 고객에 대한 잘못된 이해를 줄일 수 있고 그로 인한 위험성이 낮아지는 것은 분명하다. 때문에 그의 동기 요인과 공감 능력은 프로젝트 비욘드의 가장 중요한 자산이기도 하다.

김경환 대표는 자신이 그러했듯 꿈을 찾지 못한 이들을 도울 수 있는 일을 하기로 마음먹고 2014년 드림스타트업을 시작했다. 취약계층의 아이들에게 패션 분야에서 일할 기회를 줄 수 있는 순환 구조를 만들면 목표한 역할을 해내는 것이라고 생각했다. 그는 유니세프 홍보대사로 활동하는 연예인들이 입은 유니세프 티셔츠를 통해 처음 유니세프를 알게 되었다고 한다. 패션과 사회 문제는 서로 섞이기 어려운 것처럼 느껴졌지만, 자신의 관심사와 해결하고 싶은 사회 문제에 집중하다 보니 막연하게 잡화류를 팔면서 학생들을 대상으로 꿈에 대해 강의하고 수강료를 받는 비즈니스 모델이 떠올랐다. 저소득층 학생들에게는 10만 원씩 문화 바우처가 지급되기 때문에 그 바우처를 사용하는 기업이 되면 꿈을 찾는 청소년들에게 보다 많이 다가갈 수 있을 것 같았다. 하지만 생각처럼 쉽게 수익이 생기지 않았다.

발품을 팔아 알게 된 저명한 실무자를 강사로 초빙해 울산대학교와 주변 고등학교 학생을 초대했을 때, 그가 대면한 것은 텅 비어 있는 청중석이었다. 패션이란 분야와 직무에 조금만 관심이 있어도 알 만한, 청년들에게 도움이 되는 이야기를 들려줄 사람을 어렵게 초청해 강의를 준비했는데 들으러 온 사람이 없다는 사실에 그는 자신이 무언가 잘못하고 있음을 깨달았다. 드림스타트업은 경험도 네트워크도 너무 부족했다. 현재의 역량과 지역 문화로는 청소

　　　　　　　김경환 - 패션 진로 교육 기업 프로젝트 비욘드

년들의 관심을 끌기 쉽지 않았다. 이듬해 무작정 짐을 싸 들고 서울로 터전을 옮겼다.

서울의 한 평 남짓 좁은 고시원에 살면서 제일 먼저 한 일은 디자이너를 찾아다니는 것이었다. 패션 디자이너를 찾아가거나 이메일을 보내 드림스타트업의 꿈을 전했다. 거절 메일조차 받지 못하는 일이 많았지만, 간혹 만나 도움을 주겠다고 하는 이들도 있었다. 그렇게 몇 개월간 사람을 만나고 다녔다. 사람들을 만날수록 그도 조금씩 자신감이 붙었고 김경환 대표의 선한 취지를 이해하고 지지해 주겠다는 업계 사람이 하나둘 늘어나기 시작했다.

그렇게 생긴 네트워크를 발판 삼아 꿈꾸던 일에 다시 한 번 도전했다. 드림스타트업의 사업 방향을 '강연 중심의 패션 분야 진로 멘토링'으로 구체화하고 그중에서도 꿈꿀 기회조차 만날 수 없는 저소득층 청소년을 대상으로 하는 프로그램을 기획했다.

소셜벤처도 도움이 필요하다

사람의 마음에 주목하고 손 내미는 김경환 대표의 모습을 보고는 그에게 도움을 주는 이들이 차츰 생겼다. 2016년에 드림스타트업은 소방에서 나오는 재료들로 패션 제품을 만드는 소셜벤처 파이어마커스 이규동 대표의 소개로 서울숲에 위치한 심센터에 들어가게 되었다. 사회적 기업들을 지원하는 기관인 심센터는 사회적 기업가가 쉐어하우스에 입주할 수 있도록 지원하고 다양한 교육 프로그램과 멘토링을 제공하여 소셜벤처가 안정적으로 사회에서 제

역할을 할 수 있도록 도와주는 곳이다. 여러 소셜벤처 창업가들이 함께하는 곳이라 다양한 모임이 진행된다. 김경환 대표 혼자서는 풀어 나가기 어려웠던 문제를 다른 사회적 기업가들과 더불어 상의하고 선배 기업가의 조언을 구할 수도 있었다.

그는 사실 수줍음도 많이 타고 내성적인 성격이다. 그러나 사업에 대해서만큼은 무척 적극적으로 도전하고 때론 무모하더라도 시도하기를 멈추지 않는다. 다르게 말하면 할 수 있는 일이라면 무엇이든 해 왔다. 특히 접근 가능한 자원들을 최대한 활용해 도전하는 자세는 사업 경험이 많지 않은 소셜벤처 창업가라면 누구라도 배워야 할 부분이다. 물론 지원에만 의존하는 것은 좋지 않다. 누구도 자신을 대신해 싸워주지 않는다. 그러나 모든 일을 혼자만의 힘으로 해결할 수는 없다. 다른 시선이 필요할 때, 절대적으로 부족한 부분이 있을 때 그 한계를 넘어 한 걸음 나아가기 위해서는 적극성이 필요하다. 겸손한 자세로 그러나 좀 더 끈질기게 도움과 협업을 요청하는 것이 답이다. 쉽지 않은 창업 3년차, 프로젝트 비욘드가 꾸준히 앞으로 나아갈 수 있는 힘은 김경환 대표의 이러한 적극성에 있다.

프로젝트를 통해 성장하다

김경환 대표를 심센터로 연결해 주었던 소셜벤처 파이어마커스와의 인연은 2015년 시작되었다. 사회적기업진흥원에서 발행하는 육성사업팀 사례집에서 김경환 대표의 관심사와 강연 개최 경험을 보고 연락을 해 온 것이다. 소방관의 삶과 오염 환경에 지속적으로 노출되는 업무환경에 대해 알리는 소방 패션쇼를 열고 싶은데 함께하자는 제안이었다. 패션쇼를 통해 그가 할 수 있는 역할은 패션 분야에 관심이 있고 공부를 더 해 보고 싶은 청소년들이 실무를 경험하게 해 주는 것이었다. 패션쇼의 일부 스태프 업무를 청소년들에게 맡겼다. 그 자신도 패션쇼를 진행하면서 패션 업계에는 의상 디자인과 제작만이 아니라 사진 촬영, 모델 메이크업, 행사 스태프, 기획과 진행 등 다양한 분야의 직업군이 필요함을 알게 되었다. 짧은 런웨이를 위해서는 다양한 영역에서 일하는 수많은 사람들의 손길이 필요했다. 그동안 쌓아 왔던 다양한 네트워크가 마침내 빛을 발하는 순간이었다. 개별적으로 만났던 이들을 퍼즐 맞추듯 조합하여 패션쇼를 성공적으로 진행할 수 있었다. 2015년 11월 첫 행사 이후로도 두 번의 패션쇼를 더 진행했다. 이 패션쇼를 통해 청소년들에게도 크고 작은 일을 스스로 현장에서 직접 할 수 있는 기회를 줄 수 있었다. 그 과정에서 희열을 느끼는 사람도 있었고, 스태프로 참여한 후 꿈과 다른 현실에 실망하는 사람도 있었다. 그렇게 하나의 직업에 대해 알아간다는 것이 청소년에게는 소중한 경험이라고 김경환 대표는 생각했다.

"적어도 그 일이 정말 나랑 맞지 않다는 것을 깨닫기만 해도 저는 성공했다고 봐요. 드림멘토링은 꿈을 찾아주는 것만 아니라 직접 한발 들여놓고 체험할 수 있게 도와주는 가치 있는 경험이었어요. 실패하더라도 그 경험을 통해 자신을 더 알 수 있고 세상이 좋다고 하는 꿈이 아니라 나에게 맞는 꿈이 무엇인지 찾을 수 있게 해 주는 거죠."

패션쇼 경험은 드림스타트업의 교육 프로그램에도 변화를 불러왔다. 학교로 찾아가 강연장에서 먼발치에 아이들을 두고 가르치던 교육 방식은 한계가 있음을 깨달은 것이다. 요즘은 패션쇼에 참여하며 직접 직업 현장을 경험할 수 있는 프로그램을 기본으로, 멘토링 프로그램도 인스타그램이나 페이스북으로 아이들이 직접 소통하며 진행한다. 경험과 네트워크 부족으로 텅 빈 강연장을 마주해야 했던 김경환 대표에게 네트워크와 경험이 쌓이고 있었다.

2016년 여름부터 진행한 CJ나눔재단 주관의 '꿈키움 창의학교'도 그렇게 이어진 프로젝트였다. CJ나눔재단에서 그의 진로 교육 프로그램과 유사한 계획을 갖고 있다는 소식을 듣고 비즈니스 모델을 제안하고자 만났는데, 역으로 CJ나눔재단에서 진행하는 프로그램의 멘토를 맡아달라는 제안을 받았다. 이연복 셰프나 레이먼 킴 셰프 같이 자기 분야에서 실력을 인정받는 직업인들이 6개월 동안 지속적으로 아이들과 함께 꿈을 발굴하고 재능을 키워 주는 프로그램이었다. 그는 패션 분야 멘토로 초청 받아 프로그램을 진행했다. 6개월간 학생들을 지도하면서 더 많은 것을 배운 사람은 바로 자신이었다. 그동안 생각해 온 비즈니스 모델의 가능성을 확인하는 자리였고, 또 대기업과 일하며 조직의 시스템과 프로젝트 진행 방식을 경험해 볼 수 있는 기회였다.

다양한 경험이 스스로를 성장시킨다는 사실을 아는 김경환 대표는 수익이 나는 일이 아니라도 그가 도움을 줄 수 있고 경험을 쌓을 수 있는 일이라면 기꺼이 나선다. 강동구 학생들을 대상으로 패션 관련 직무들에 대해서 강의를 하고 멘토링을 하는 활동도 마찬가지다. 그 과정을 통해 청소년들을 만나 이야기를 나누고 니즈를 파악하며 스스로의 생각을 다듬어 간다.

"저는 강의 평가를 아주 꼼꼼하게 봐요. 패션 디자이너가 꿈이었는데 포기했다가 제 강의를 듣고 다시 생각해 보게 되었다는 이야기를 들으면 새벽 서너 시까지 강의를 준비하며 느꼈던 피로가 싹 사라지고 보람을 느끼기도 하고, 빠르게 변하는 요즘 아이들의 생각을 따라잡는 데도 도움을 받아요."

김경환 대표는 스스로의 한계를 뛰어넘는 법을 조금씩 익혀 가고 있는 듯 보였다.

한계를 뛰어넘는 꿈을 꾸며

2017년 김경환 대표는 사명을 드림스타트업에서 '프로젝트 비욘드'로 변경했다. 자신의 한계와 장애물을 뛰어넘는다는 의미다. 더불어 기존의 드림스타트업이라는 이름으로는 패션 관련 브랜드로서의 가치를 담고 알리는 데 한계가 있다는 주변의 조언을 받아들인 것이다. 무기력한 청소년에게 스스로를 바라보고 규정짓는 그 이상을 보여 주고, 할 수 있다고 이야기하는 회사가 바로 프로젝트 비욘드다. 사명 변경과 함께 비즈니스 모델도 직업 탐색을 위한 교육과 콜라보레이션을 통한 패션 아이템 제작을 중심으로 재정비했다. 다양한 상황에 처해 있는 학생들을 꾸준히 만나고, 패션과 관련 직업군과 지속적으로 협업을 해 왔던 것이 비즈니스 모델을 세우는 데 자산이 되었다.

　사회적 기업 중에는 교육 서비스를 주요 사업으로 잡고 있는 곳이 많다. 아무래도 사회 문제를 해결하는 변화를 일으키기 위해서는 교육이나 훈련의 방식이 유용하기 때문일 것이다. 그러나 교육 서비스만으로는 충분한 수익성을 보장하기 어렵다. 대부분이 정부의 사업을 받아 운영하거나, 기업의 사회공헌 자금을 활용해서 운영하기 때문에 성장에 한계가 있다. 프로젝트 비욘드도 초반에는 강의식 교육 중심이었지만 차차 청소년들이 현장 경험을 통해 학습하도록 체험 프로그램을 구축했다. 그리고 이런 체험을 거친 청소년은 한층 성장한 역량을 가진 집단이 되어서 대형 브랜드와의 콜라보레이션을 가능하게 하는 기반이 되고, 그 작업 결과물은 비욘드 자체의 캠페인 브랜드 상품을 출시할 수 있는 원동력이 되었다. 프로젝트 비욘드는 이들을 패션 업계에 좋은 인력으로 배치하거나 알선하는 작업까지 기대하고 있다.

청소년들에게 꿈을 주기 위해, 꿈을 찾는 사람

　꿈이 없어서 야간 자율학습을 빼먹을 궁리를 하고 수능 원서를 쓰지도 않았던 그는 이제 학부모들의 자녀 상담 요청을 받고 있다. 근심 어린 표정의 학부모들은 꿈이 없고 공부를 해야 할 목적이 없어 방황하는 청소년의 손을 붙잡고 온다. 그는 카페에 앉아 평생

대학을 가지 않겠다고 다짐한 학생을 앞에 두고 두 시간 넘게 설득해 대학과 공부에 대한 생각을 바꾸었던 순간이 가장 기억에 남는다고 했다. 상담 당시 고등학교 1학년이었던 그 학생은 최근 작가의 길을 가기 위하여 국문학과로 대학에 진학하였다. 시끌벅적한 사춘기를 보내고 부모님의 성화에 못 이겨 수능 시험을 보았을 수도 있지만 그 친구는 그때 김경환 대표를 만나 진지하게 자신이 공부해야 하는 이유와 자신의 꿈에 대해서 고민하기 시작했다. 대학 생활을 하며 새로운 즐거움을 발견한 그 학생은 김경환 대표에게 감사 전화를 했다고 한다.

"부모님과 선생님은 다짜고짜 대학에 가라고 잔소리만 했지 막상 제 이야기는 들어주지 않았어요. 하지만 대표님은 자신이 겪었던 이야기를 해 주시고 진지하게 저에게 물어보셨어요. 무엇을 하고 싶냐고."

많은 사람들이 꿈에 대해서 이야기한다. 꿈을 가지는 것이 중요하고, 꿈을 이루어 나가는 것이 중요하고, 어떻게 목표를 세우고 매일매일을 치열하게 달성해 나가는지 교과서처럼 써 둔 글들은 많다. 하지만 꿈이 무엇인지, 그 꿈을 달성한다는 것은 어떤 직무를 가지는 것인지에 대한 자세한 설명들은 없다.

김경환 대표는 아직 명확하게 비즈니스 모델을 확립하지 못한 초기단계의 사회적 기업가이지만 도움을 줄 수 있는 아이들이 있는 곳이면 어떠한 곳이든 찾아간다. 그는 더 많은 경험이 쌓이고 나면 다시 고향 울산으로 내려가 일하고 싶다고 한다. 지역의 한계로 일의 다양성을 접할 수 없어서 꿈을 더 키우지 못하는 청소년들을 도와주고, 지역 사회의 경제를 활성화하는 방향으로 사업을 확장해 나가는 것이 그가, 그리고 그를 응원하는 많은 기업들과 멘토들이 함께 꾸는 꿈이다.

프로젝트 비욘드의
소셜 프로젝트

청소년의 꿈을 찾아주는
패션 진로 교육 프로그램
'비욘드 더 드림'

프로젝트 비욘드는 서울시 뉴딜일자리 지원사업에서 지원을 받아 2017년 9월부터 한 달에 4회 과정으로 진행하는 패션 진로 교육 프로그램 '비욘드 더 드림(Byond the Dream)'을 운영하고 있다. 서울시는 교육 프로그램 운영에 필요한 물품과 기자재, 인턴 급여 등 6개월 동안 프로그램 정착을 위한 지원을 하고, 프로젝트 비욘드는 프로그램 기획과 운영을 맡았다.

17세부터 19세를 대상으로 하는 이 프로그램은 패션 디자이너, 패션 마케터, 패션 MD, 포토그래퍼 등 패션 분야의 다양한 진로를 탐색하고 업무를 직접 실습할 수 있다. 원래 실습 준비물을 포함해 15만 원의 강의료를 받고 있지만, 정부에서 발행하는 차상위계층 증명서와 생활보호대상자 증명서를 제출하면 수업료가 면제된다. 프로그램에 참여한 청소년들은 패션 스튜디오에서 직접 모델을 코디하고 촬영하는 체험을 할 수 있다. 현재 김경환 대표를 포함해 패션과 패션 디자인 실무 경험을 가진 세 명의 강사가 교육을 진행하며, 매달 20명으로 제한해 수강 접수를 받고 있다. 프로그램이 정착하는 2018년부터는 직원 수를 늘리고 교육 인원도 최대 50여 명으로 증원할 계획이다.

Q '비욘드 더 드림'은 프로젝트 비욘드에서 진행하는 기업과의 콜라보 프로젝트와 어떻게 연계되나요?

최근 기업들도 제품 다양화나 사회 문제에 대한 인식 확산 차원에서 적극적으로 콜라보 프로젝트를 진행하고 있습니다. 특히 패션업계는 해당 라인의 제품 생산이 가능하기 때문에, 콜라보 프로젝트가 용이합니다. 여러 기업과 콜라보레이션을 했는데, 가령 2017년 6월부터 9월까지 패션 디자이너 브랜드 참스(CHARM'S)와 B.T.Y.(Byond the Youth)라는 타이틀로 콜라보 프로젝트를 진행했습니다. 소셜 펀딩으로 투자를 받아 티셔츠를 제작하고 그 수익금의 일부를 패션 진로 프로그램 운영에 사용했습니다. 9월에는 패션 브랜드 스파오(SPAO)와 콜라보 프로젝트를 진행했고요. 스파오에서 드림맨투맨이라는 이름으로 의류를 출시하고, 패션 진로 교육 프로그램에 의류를 협찬했습니다. 협찬한 의류들은 마지막 수업 날 학생들의 스튜디오 촬영 실습 때 사용되었고요. 또 학생들이 촬영한 사진이 다시 스파오 제품과 프로젝트 공식 홍보 사진에 사용되었습니다. 학생들은 친숙한 브랜드에 직간접적으로 참여할 수 있어 흥미로워 하고 집중도가 아주 높습니다. 기업의 입장에서도 청소년과 청년들의 꿈을 지지할 수 있고 또 대중과 소통할 수 있는 창구가 되기도 하고요. 프로젝트 비욘드는 이러한 콜라보 프로젝트를 통해 청소년과 청년들의 꿈을 지지하는 기업들의 플랫폼 역할을 하고자 합니다.

Q 다른 기업에서 따라할 수 없는 프로젝트 비욘드만의 차별점은 무엇인가요?

프로젝트 비욘드는 그 자체로 사회 문제의 해결을 지지한다는 브랜드 가치를 가지고 있습니다. 기존의 제품 제작과 판매가 목적인 기업에서도 제품과 프로젝트의 취지를 설명하지 않아도, 비욘드와의 콜라보 프로젝트만으로도 그 취지가 설명되는 것이지요. 그리고 무엇보다도 프로젝트 비욘드가 지난 몇 년간 직접 청소년들을 만나고, 아이들의 눈빛과 반응을 보면서 알게 된 니즈와 교육 방식, 직업에 대한 접근 방식 등은 다른 기업이 짧은 시간에 쉽게 따라할 수 없는 부분입니다. 콜라보레이션을 하는 기업의 입장에서도 직접 교육 프로그램을 운영하지 않고도 사회 문제를 지원할 수 있는 창구가 생기는 것이죠. 그런 기업의 니즈가 있기 때문에 비욘드의 플랫폼 역할이 중요합니다.

김경환 – 패션 진로 교육 기업 프로젝트 비욘드

스마트 점자 교육 기기 기업 오파테크

OHFA Tech, Inc.

김항석 이사

김항석

미국의 대학과 대학원에서 저널리즘과 신학을 공부했다. 2007년 한국으로 돌아와 컨설팅 회사, 게임 회사, 소프트웨어 개발 회사 등 여러 분야에서 일했다. 결혼을 하고 아이를 낳으면서 아이에게 보다 나은 사회를 보여 주고 싶다는 생각에서 사회적 기업에 관심을 갖기 시작, 2013년부터 2015년까지 카이스트 사회적기업가 MBA 과정을 이수했다. MBA 과정 중에 동기 회사인 제로디자인에서 개발도상국 태양광 사업을 돕기도 했다. 이후에 카이스트의 사회적기업가 인큐베이팅 공간에서 만난 이경황 대표와 함께 2015년 오파테크의 설립 멤버가 되었다.

오파테크

오파테크는 카이스트 사회적기업가 인큐베이팅 공간에서 만난 이경황 대표, 김항석 이사가 의기투합하여 기술로 사회 문제를 해결하자는 목표로 설립했다. 오파테크라는 기업명은 이경황 대표가 기존에 운영하고 있던 사업체의 명을 이어 쓴 것이다. 2015년 초에 장애인 보조 공학기술 개발에 대한 로드맵을 작성하는 것을 시작으로 시각장애인 점자 교육 문제를 해결하기 위한 엑추에이터 기술을 개발하였고, 2015년 8월부터 12월까지 삼성벤처투자의 투자를 유치했다. 'K-Global 기업 300'에 선정되고 'KDB 스타트업 데모데이' 최우수상을 수상하는 등 다양한 공모에서 가능성을 인정받았다. 2016 하반기에는 미국 샌디에이고에서 열리는 국제 장애인 정보통신 접근성과 보조기기 컨퍼런스인 CSUN 컨퍼런스에서 점자 교육기기 탭틱에듀를 론칭했다. 2017년에는 기기명을 탭틸로로 변경, 신형 출시에 집중하며 보다 작은 크기의 점자 교육기기를 개발하기 위해 꾸준히 연구 개발을 하고 있다.

오파테크(OHFA Tech)는 Open Hardware For Assistive Technology(또는 Appropriate Technology)의 약자로, 모두를 위한 기술의 개방과 공유 기술에 소외된 모든 사람에게 기술이 전달될 수 있도록 하겠다는 오파테크의 신념을 담고 있다.

보이지 않는 삶,
손끝으로 바라보다

우리 사회는 언어와 문자로 이루어져 있다. 사회에서 집단을 이루어 생활하는 인간에게 문자는 일종의 약속된 기호이며, 인간의 사회화에도 밀접하게 연관되어 있다. 때문에 많은 국가에서 자국의 비문해율을 줄이고자 노력한다. 대한민국의 문해율은 세계적으로 높은 편으로 알려져 있다. 그러나 글을 읽을 줄 모르는 것이 아니라, 볼 수 없다면 어떠할까? 대한민국 장애인 인구는 약 250만 명, 그중 시각장애인은 25만 명에 달한다. 물론 시각장애인에게도 그들의 문자가 있다. 바로 점자다.

점자는 볼록하게 점을 찍어 손가락 끝 촉각으로 읽을 수 있게 만든 시각장애인을 위한 문자다. 그러나 정작 점자를 읽을 수 있는 시각장애인은 많지 않다. 전 세계 2억 8500만 명이 넘는 시각장애인의 90퍼센트가 점자를 읽지 못한다. 배우기도, 가르치기도 어렵기 때문이다. 글을 읽고 쓰는 것은 배우고 사고하는 능력과도 직결된다. 때문에 시각장애인의 삶에 있어서 점자는 교육과 취업을 비롯해 그들 삶의 많은 부분에 다양한 가능성을 제시하는 무척이나 중요한 역할을 한다. 특히 경제 활동에 있어서 점자 교육은 큰 차이를 가져다 준다. 국내 시각장애인의 경제활동 인구는 대략 30퍼센트 안팎이다. 비장애인에 비해 현저히 낮은 수준이다. 점자를 알고 있으면 사무직 취업에도 용이하고 활동 반경 자체가 넓어진다. 미국에선 2012년부터 의무로 점자를 배워야 한다는 법안이 세워졌고, 우리나라도 2016년 5월부터 점자법이 제정되었다. 점자법은 점자 관련 실태들을 조사하고 점자로 학습하거나 점자가 보급

김항석 - 스마트 점자 교육기기 기업 오파테크

되는 것을 활성화하기 위한 법이다. 시각장애인 학생이 대학교에 입학하면, 모든 교재를 점자로 제공해야 하는 것이 학교의 의무다. 점자를 배우는 것은 물론, 점자로 된 콘텐츠 또한 의무로 제공해야 한다. 하지만 의무교육임에도 불구하고 점자의 습득률은 여전히 아주 낮다. 미국만 해도 점자 교사를 양성하는 것부터 어려움을 겪고 있고 우리 나라의 상황 또한 마찬가지다. 점자 교육 도구가 상당히 비싸기도 하거니와, 애써 배운다고 해도 점자로 된 책이나 콘텐츠가 무척이나 부족하고 제한적인 것이 현실이다. 그런데 이러한 상황을 독자 개발한 기술로 개선하고자 하는 스타트업이 있다. 시각장애인을 위한 스마트 점자 교육기기를 만드는 회사, 오파테크다.

창업 클러스터에서 태어난 소셜벤처

오파테크는 혁신 기술로 시각장애의 영역에서 가능성을 모색하는 기업이다. 논현동의 사무실에서 만난 김항석 이사는 오파테크의 기업 비전에 대해 이렇게 이야기했다.

"장애인도 비장애인과 마찬가지로 사회 활동을 할 수 있는 기회를 확보하고, 교육을 받고 지식을 습득할 수 있는 기본 요건을 개선하는 것이죠."

흥미로운 것은 오파테크가 처음부터 시각장애인의 점자 교육에 관심을 가진 사람들이 모인 것이 아니라, 소셜벤처에 관심이 있는 이들이 모여 창업을 하고 사업 방향을 잡은 점이다. 김항석 이사가 이경황 대표를 만난 곳은 사회 문제에 대한 의식과 창업에 관심이 많은 사람들이 클러스터를 형성하고 있는 카이스트의 사회적기업가 인큐베이팅 공간이었다. 김항석 이사는 카이스트 사회적기업가 MBA 과정을 공부하고 있는 학생이었고, 이경황 대표는 인큐베이팅 공간을 활용하고 있는 창업가였다. 비슷한 의식을 가진 사람들끼리 모여 스터디를 하며 아이디어를 주고받던 중에 태어난 것이 지금의 오파테크다. 두 사람 모두 기술로 세상을 바꿀 수 있다는 생각을 했고, 비슷한 꿈을 가진 이들이 모여 벤처 창업으로 이어졌다.

대학과 대학원에서 기계제어시스템을 전공한 이경황 대표는 오랫동안 연구원 생활을 하다 소외된 이웃을 돕기 위해 적정기술을 기반으로 한 사업을 꿈꾸며 2013년에 오파테크를 홀로 창업했으나 비즈니스 모델 개발에 어려움을 겪고 있었다. 그러다 만난 김항석 이사와 마음과 생각이 잘 맞아 의기투합, 시각장애인을 위한 점자 기술 개발로 사업 방향을 잡으며 오파테크라는 이름은 그대로 둔 채 2015년 새로이 공동 창업을 했다. 벤처 클러스터 형성의 중요성을 실감할 수 있었다.

오파테크가 처음부터 점자 교육 기술로 방향을 잡았던 것은 아니다. 시각장애뿐만 아니라 청각을 포함한 모든 육체 장애를 도울 수 있는 기술 분야를 개발하겠다는 것이 오파테크 초창기 비전이었다. 이경황 대표와 김항석 이사는 기술에 대한 방향을 먼저 잡았다. 그 후 이 기술로 사회에 기여할 수 있는 방법을 찾아나갔다. 이들이 주목한 혁신 기술은 엑추에이터(Actuator: 전기나 유압, 압축공기 등의 에너지를 변환해 기계를 구동하는 장치)였다. 기술 창업에 대한 아이디어가 많

김항석 - 스마트 점자 교육기기 기업 오파테크

은 한 멘토가 기술 아이디어의 힌트를 주었고 공학도였던 이경황 대표, 김항석 이사가 함께 새로운 기술을 개발했다. 그리고 이 기술을 적용시켜 사회 문제를 해결할 수 있는 분야를 찾는 것에 많은 시간을 쏟았다. 주변의 많은 멘토들을 만나고 의견을 교환하던 중, 점자 교육을 알게 됐다.

세계 점자 보급률은 10퍼센트 정도다. 점자 보급률이 높지 않은 것에는 몇 가지 이유가 있다. 점자는 직접 글자 하나하나를 만지며 익혀야 하는데 부모가 점자를 아는 경우는 드물기 때문에 가정에서 아이들에게 가르쳐 줄 수 없다. 그래서 선생님이 학교에서 여러 명의 아이들이 만지는 학습용 점자 기기를 일일이 조작하면서 교육해야 한다. 처음에는 큰 점자 모형의 도구로 각 형태의 의미들을 배우고 익힌다. 익숙해지면 차츰 크기를 줄여 나가며 책에 사용하는 작은 크기에 적응한다. 점자는 어린 나이에 배울수록 익히기 쉽다. 손끝 감각이 잘 살아 있으면 조금 작은 점자를 읽을 때에도 큰 무리가 없지만, 이미 손끝에 굳은 살이 생기고 무뎌지면 작은 점자를 읽는 것이 쉽진 않다. 때문에 배움의 기회를 놓쳤거나 후천적으로 장애가 생긴 경우 점자 교육이 더 어려워진다. 하지만 점자 교육 확대에 있어 그보다 더 큰 어려움은 바로 비용이라는 진입장벽이다.

점자 자체가 익히기 쉽지 않은데, 점자를 가르칠 수 있는 교사도 많지 않다. 그리고 교사가 있다고 해도 시각장애인 한 명을 교육시키는 데 상당히 오랜 시간이 필요하다는 어려움이 있다. 교육에 필요한 도구 가격도 만만치 않다. 오파테크는 점자 교육이 확대되려면 두 가지 접근 방식이 필요하다고 생각했다. 첫째는 시각장애인들에게 점자의 장점을 알려 교육 의지를 이끌어 내는 것이다. 둘째는 점자를 배우는 방식을 개선해 쉽게 배울 수 있는 환경을 만들어 점자의 습득률을 높이는 것이다. 오파테크는 그들이 잘할 수 있는 후자에 집중하기로 했다.

혁신 기술 하나가 가져온 연쇄 효과

사실 이미 점자 전용 단말기는 여럿 나와 있었다. 국내 기업 힘스가 개발한 '한소네'라는 기기가 있으며, 미국과 캐나다, 일본 기업이 개발한 것도 있다. 점자 전용 단말기는 단어를 입력하면 점자 형태가 모형에 반영되는 방식이다. 문자를 보내거나 문장을 입력하면, 시각장애인이 읽을 수 있도록 점자로 변환된다. 이때 여섯 개짜리 점자가 튀어 올라오거나 내려가는 엑추에이터라는 구동 장치는 특수 금속을 이용해 만드는데, 하나의 엑추에이터셀이 3만 원가량 하는 고비용의 도구다. 그냥 눈으로 봤을 땐 점들이 돌출되었다 내려가는 데 복잡한 기술이 필요한가 하는 생각이 들 정도로 단순해 보인다. 하지만 특수 합금으로 만들어 비싼 것도 있고, 일본 업체와 독일 업체에서만 독점 판매하고 있기 때문에 가격이 쉽사리 낮아지지 않는다. 200볼트의 전압을 가할 때 이 점자 핀이 하나씩 움직이고, 오르락내리락하는 상태를 유지하기 위해선 계속 전력을 사용해야 하므로 전력 소모도 아주 많다. 계속 전력을 사용해야 해서 기기가 뜨거워지기도 한다. 점자를 구성하는 작은 핀 하나를 움직이기 위해서 생각보다 복잡한 기술과 상당한 전력이 들어가는 것이다. 독일의 회사에서는 이 핀 하나가 상하로 움직이는 기술을 위해 반도체까지 이용한다고 하니 한편으로는 높은 가격도 이해가 간다. 이미 점자를 구동하기 위한 다양한 엑추에이터 기술이 존재했지만, 기본 제품은 하나에 500만 원을 웃돌고 이미지까지 표시되는 경우 1200만 원까지 가격이 뛰는 고가의 제품이었다. 미국, 영국, 그리고 독일에서 활발하게 기기를 개발하고 있으나 아직 비문해율을 해결할 수 있을 만큼 보급 가능한 저렴한 제품은 없었다.

점자를 배우는 데는 도구가 필요한데, 그 도구의 단가가 너무 높고 또 구동하는 방법도 까다로워 점자 교육이 활성화되지 않는다는 문제점을 포착한 오파테크의 멤버들은 도구의 단가를 낮출 수 있는 방법을 찾기 시작했다. 오파테크의 기술로 새로운 방식의 엑추에이터를 개발하면, 점자 교육기기의 가격을 많이 하락시킬 수 있으리라 생각했다. 오파테크는 기존의 점자 교육기기가 전력이 많이 들어간다는 것과 구동 기술에 비용이 많이 들어간다는 점을 고려하여 저전력의 최소형 제품을 만드는 것에 주력했다.

"점자 핀을 위로 올린 후 전류를 계속 흘려보내 계속 그 상태를 유지하는 것이 현재 다들 사용하는 방식인데, 저희는 작동할 때만 전력을 연결하고 원하는 형태를 갖추고 나서는 전력을 끊어도 되는 방식을 찾았죠. 구동 방식이 바뀌니 제품의 크기도 바뀌었어요. 생산 방법도 단순해지고 가격도 낮아졌습니다. 기술 아이디어

하나가 전력과 크기 그리고 가격 문제까지 모두를 다 해결하는 혁신 포인트였어요."

오파테크가 새롭게 개발한 기술은 점자 핀 하나하나가 나선 구조로 올라가는 방식이라 상태를 유지하기 위해 굳이 전력을 계속 사용할 필요가 없다. 기존 방식은 사용 시간이 길어지면 고열이 발생하는 등의 문제로 더 복잡한 구조를 지녔는데, 오파테크의 방식은 그런 문제가 없어 더 단순한 구조를 갖출 수 있었다. 크기가 큰 형태의 액추에이터를 시작으로 점점 작은 형태로 만들다 보니 태블릿PC 크기의 판 안에 입력된 내용이 점자로 표기되는 제품까지 기술 개발에 성공했다. 그 과정에서 예상치 못한 제품들이 탄생했다.

어린이 교육용 점자 기기는 기존 기술을 적용한 제품이 이미 존재했다. 그러나 구동 방식에 한계가 있어 글자 하나를 가르치기 위해서 많은 시간이 든다. 한 교실에 있는 다섯 명의 학생에게 'Apple'이라는 단어 하나를 가르치는 선생님이 있다고 가정하면, 기존 방식은 각각 다섯 개의 알파벳을 다섯 명의 아이가 가지고 있는 점자판에 하나하나 직접 눌러야 해서, 단어 하나를 알려 주기 위해 점자판을 스물다섯 번이나 작동해야 했다. 오파테크가 개발한 점자는 달랐다. 블루투스로 연결되어 있는 모바일 앱을 통해 점자판에 학습할 점자 정보를 자동으로 보내 작동까지 해 준다. 이전에 익힌 점자를 저장하는 기능이 있어 복습도 가능하다. 점자를 가르치는 특수교육업계는 중간 과정에서 얻게 된 이 성과물에 열광했다.

특수교사라 할지라도 점자를 익혀 가르칠 수 있는 교사가 많지 않아 교육에 한계가 있었는데, 앱을 통하여 글자를 입력하면 자동으로 점자판에 구현되어 소수의 특수교사에 의지했던 점자 교육의 폭을 대폭 늘렸다. 쉽게 예습과 복습이 가능하니 학생들의 점자 습득률도 높일 수 있다.

점자 전용 단말기를 가장 많이 사용하는 곳은 교육현장이다. 전 세계 점자 단말기의 65퍼센트가 교육에 쓰이고 있다. 보다 체계적인 교육과 학습을 위해서는 글에 한정되지 않는 기기가 필요했다. 그림까지 지원하는 단말기는 가격이 너무 높았고 그래프나 그림을 배우려면 특수 프린트 말고는 다른 대안이 없었다. 그래픽이 표시되는 적정 가격의 디스플레이가 필요했다. 그렇게 개발한 제품이 '택틱 하이'다. 리더기로 내용을 입력하면 태블릿PC 형태의 점자 판에는 글자가 표시되고 옆에는 이미지 판도 붙어 있어 고등 교육에 사용할 수 있다.

점자를 전력 없이 특정 형태로 유지했다가 앱을 통하여 쉽게 다른 글자로 바꿀 수 있어 쉽게 점자로 안내판을 만드는 등 다른 다양한 분야에서도 활용할 수 있다는 장점이 있다. 모든 공공장소에는 점자가 필요하다. 관공서는 2-3년마다 한 번씩 주기적인 인사이동 등으로 공무원 자리가 바뀐다. 그때마다 점자 안내판도 바꾸어야 하는데 비용이 많이 들고 방법도 쉽지 않았다. 오파테크의 기술은 이러한 어려움을 해결할 하나의 가능성을 열어 주었다.

기술만으로는 넘을 수 없는 한계

오파테크는 독자 기술을 바탕으로 점자 교육부터 시작해 다양한 점자 디스플레이 영역에서 혁신을 추구하고 있다. 그런데 이들의 스마트 점자 교육기기인 탭틸로가 누구도 완성할 수 없는 하이테크의 영역일까? 그렇게 생각하지는 않는다. 당연히 번뜩이는 아이디어와 그 아이디어를 실현하기 위해 무던히도 견뎌야 했던 과정이 있었을 것이다. 그럼에도 인공지능이나 우주과학 기술 등과 비교하기에는 무리가 있다. 여기에서 이런 의문을 떠올릴 법하다. 왜 지금까지 이런 시도가 없었을까. 왜 아무도 스마트 점자 교육기기를 만들지 않았을까 하는 의문이다. 답은 어렵지 않다. 그만큼 고민과 인내를 반복했던, 해당 문제에 깊이 관심을 가진 사람이 없었기 때문이 아닐까. 신생아를 위한 의료 기기를 생산하는 엠브레이스 이노베이션 등 다양한 소셜벤처 사례들이 증명하듯이 고도의 기술이 있어야만 문제가 해결되는 것은 아니다. 그보다 관심과 이해와 공감이 실행으로 이어질 때 도리어 문제가 해결되는 경우가 많다.

시각장애인들이 대면하고 있는 문제들은 앞으로도 풀어 나가야 할 것들이 많다. 문화 생활만 해도 그렇다. 청각장애인이나 시각장애인들을 위해 자막이나 점자를 제공하려면 영화 개봉 전에 미리 파일을 제공받아 작업해야 하는데, 몇 해 전 영화계에서 영화 유출 문제가 크게 불거진 이후 보안이 강화되어 장애인을 위한 선작업에도 한계가 생겼다. 이런 한계는 분야를 막론하고 비슷한 실정이다. 김항석 이사는 다양한 콘텐츠를 담을 수 있는 태블릿PC 형태의 점자 기기 제작을 기획하면서 점자 콘텐츠 시장의 현실을 마주했고, 크게 안타까워했다.

"텍스트로 된 파일이 있으면 그것을 점자로 바꾸는 것은 크게 어려운 일은 아니에요. 요즘 나오는 기기들은 화면을 직접 읽어주거나 점자로 변화해 주는 기능을 탑재하고 있죠. 데이지라는 글로벌 단체는 오픈소스를 활용하여 다양한 언어로 점자책을 만들어 주기도 합니다. 책을 점자로 변환하는 것은 출판사의 간단한 협조만 있으면 가능한 일인데 텍스트 유출 우려 때문에 텍스트 파일로 데이터를 받을 수 없어 자원 봉사자들이 종이책을 보며 직접 텍스트를 입력해야 하는 한계가 있습니다. 다른 나라의 경우 시각장애인의 문화 생활을 위해서 뮤지컬이나 오페라, 연극 등을 경험할 수 있도록 돕는 단체도 있습니다. 앞을 볼 수 없는 상태에서 공연이나 작품을 최대한 느낄 수 있도록 설명해 주는 방법을 훈련 받은 자원봉사자로 구성되어 있어요. 유럽이나 미주의 유명 박물관에서는 시각장애인의 작품 감상을 돕기 위해 장갑을 끼고 만질 수 있게 해 주기도 하죠."

보이는 사람들 중심으로 만들어진 세상을 보이지 않는 이들이 살아가기 위해서는 우리가 예상하지 못한 부분까지도 많은 노력이 필요하고 또 많은 사람들의 지지가 필요하단 생각이 들었다. 우리가 살아가며 느껴 보지 못한 관점에서 세상을 묘사하고 설명하는 것은 철저한 훈련 속에서 가능한 일이다. 오파테크는 시각장애인만이 느끼는 세세한 경험과 불편을 이해하기 위해 벤처 스타트업에서 일하고 있는 시각장애인 한 명을 자문위원으로 두고 있다. IT 분야에 종사하고 있어 시스템이나 기기에 대한 이해가 높아 제품에 대한 구체적인 피드백을 주기도 하고, 맹아 학교에 다니면서 느꼈던 불편이나 한계에 대해서도 자세한 이야기를 들려주어 제품 개발에 큰 도움을 주고 있다.

인생은 자신만의 가치를 찾아가는 여정

앞서 말했듯 김항석 이사는 물론 이경황 대표도 시각장애인의 점자 교육 문제에 긴 시간 집중해 온 사람들은 아니다. 다만 자신의 영역에서 스스로가 지닌 재능으로 어떻게 하면 더 나은 세상을 만들 수 있을까 고민하던 사람들이 모여 그간의 생각들을 나누다 보면 이런 혁신이 생기기도 한다. 물론 드문 경우이긴 하지만 말이다. 그렇다고 이런 일들이 우연히 발생하지는 않는다. 김항석 이사나 이경황 대표 모두 다양한 방법으로 자신의 삶에서 사회적인 가치들을 실현하기 위해서 탐구하고 노력하는 사람들이다. 그들이 지금까지 개인적으로 해 왔던 활동과 오파테크 설립은 절대 별개의 것이 아니었다. 소셜벤처 창업이란 그런 것이다. 사업체를 기획하는 일을 넘어 삶이고, 자아실현의 결단이며 표현이다.

소셜벤처에 발을 들여놓기 전 김항석 이사는 게임회사에서 기획을 하는 평범한 직장인이었다. 그랬던 그가 카이스트에서 사회적기업가 MBA 과정을 이수한 데에는 아내와 아이의 영향이 컸다.

"결혼을 하고 아이를 낳으면서 아이에게 무언가 의미 있는 일을 하는 모습을 보여 주고 싶었어요. 아이를 키우며 아내와 많은 이야기를 나눴는데 우리 아이가 살아갈 사회가 좀 더 나은 곳이 되면 좋겠다는 바람, 서부터 사회에 도움이 되는 일을 하면 더 좋겠다는 생각을 함께 했죠. 그런 마음으로 길을 찾기 시작했습니다."

안정된 직장을 포기하고 새로운 모험에 뛰어든 데 불안은 없었을까?

"대기업에 다닐 때와 비교하면 생활 자체의 규모가 줄어들었죠. 좀 더 작고 저렴한 것을 선택하면 될 뿐, 우리 가족에게 큰 문제는 아니었어요."

사업을 하시던 아버지가 IMF를 겪는 것을 지켜보며 김항석 이사는 상황과 환경에 따라 일도 생활도 언제든지 달라질 수 있다는 사실을 일찌감치 깨달았다. 사실 그는 대학 때에는 저널리즘을 전공했다. 변호사가 되었으면 하는 부모님의 바람에 법대도 가 보았고, 엔지니어링을 공부하려고 토목공학도 지원했지만 장학금을 준다는 저널리즘을 종착점으로 삼았다. 그러나 결혼을 하고 사회 생활을 하며 깨달은 것은 무엇을 전공하고 어떤 직업을 갖느냐보다 어떤 일을 할 것이며, 그 일이 자신의 삶에 어떤 의미가 있느냐가 더 중요하다는 사실이었다.

지금 하고 있는 일이 대학에서 전공한 분야와는 동떨어진 듯 보이지만 그의 공부가 아주 무의미했던 것만은 아니다. 특정한 사실에 대해서 한두 시간 동안 기사를 쓰는 교육을 집중해서 받은 것이 상황을 논리적으로 정리하고 풀어서 주어진 환경과 내가 할 수 있는 것들을 구분하는 데 도움이 되었다.

"실제로 사회적 기업에 관심이 있거나 운영하는 사람들을 보면 마음속은 사회 문제에 대한 뜨거운 열정과 미션으로 가득 차 있지만 기업의 역량이나 기술의 한계로 문제에 다가서지 못하는 경우를 종종 발견하거든요. 현재의 상황을 파악하고 그 상황 속에서 내가 할 수 있는 일이 무엇인지 구분할 수 있는 판단력은 스타트업에서는 특히 더 중요하다고 생각해요. 일이란 게 마음만으로 되는 건아니니까요. 물론 기술력도 중요하고요. 그래서 오파테크는 경험과기술이 많은 구성원 발굴에 특별히 심혈을 기울였습니다."

오파테크의 구성원들은 인생의 가치관이나 세계관이 서로 잘맞는 사람들이 모여 있다. 이경황 대표와 김항석 이사만 해도 서로다른 삶을 살아 왔지만 인생의 가치관이나 세계관이 잘 맞는다는점이 공동 창업을 결심하는 데 큰 역할을 했다. 그 밖에도 두 사람모두 환경 문제 그리고 지역과 공동체 생활에 무척 관심이 많다는공통점이 있었다. 오파테크의 이경황 대표는 거주하는 지역에서 공동 육아 등을 하고 있다. 김항석 이사도 지역사회에서 공동체를 형성하고 삶을 살아가는 것을 인생의 모토로 삼고, 지역 주민들과 독거노인들을 돕는 등 관심을 기울이고 있다.

모든 기업이 사회 문제 해결에 앞장서야 한다

엔지니어와 디자이너는 일의 시작부터 끝까지 사회에서의 효용과 안전, 편의성 등을 끊임없이 고민하는 훈련을 한 사람들이다.

김항석 - 스마트 점자 교육기기 기업 오파테크

이들이 사회를 고려하지 않는 경우는 드물다. 대부분의 문제는 수익을 창출해야 하는 경영진의 선택에서 비롯된다. 이들은 수많은 선택의 기로 앞에 놓인다.

"사회적 기업뿐만 아니라 모든 기업이 윤리적 선택을 해야만 합니다. 카이스트의 사회적기업가 MBA 과정에서도 특정 기업만 사회적 기업이라고 경계를 만드는 것을 지양해야 한다고 배우죠. 기업 윤리는 선택이 아니라 필수입니다. 모든 기업이 사회적 기업이 되어야 합니다."

그 역시 경영진의 입장에서 오파테크를 운영하다가 선택의 기로에 놓였던 적이 많다.

"벤처 회사가 가장 고민하는 부분은 투자 유치입니다. 소위 말해 쉬운 돈들은 단기간 회사에 안정을 주지만, 길게 보았을 때 회사가 의미 있는 선택을 하는 것에 갈등을 가지고 오기도 하죠. 오파테크는 진정성 있고 의미 있는 투자를 받기 위해 많은 시간을 들여 투자자들을 만났습니다. 그리고 창업 멤버들의 믿음과 철학을 신뢰하고 존중하는 분을 소개 받았을 때 비로소 투자 유치를 결정했고 점자 교육기기 개발에 보다 집중할 수 있었어요."

언제나 소셜벤처의 투자 유치는 어렵다. 투자자를 설득하는 것도 어렵지만, 가치의 공감대를 만들어 내는 것은 더 어렵다. 특히 초기에는 소셜벤처 스스로도 가치의 기반을 충분히 개발하고 수립하지 못한 상황이다. 이때 소셜벤처의 팀의 사회적 미션을 이해하지 못하는 투자자가 들어오면 회사는 올바른 의사 결정을 하기 어렵다. 특히 오파테크는 굳이 분류하자면 하드웨어 스타트업이다. 초기에 연구개발을 위한 투자가 상당 부분 필요하고, 수익 창출까지 긴 시간이 걸릴 수도 있다. 기다림의 시간이 길어지는 것은 투자자에게는 무엇보다 고역이다. 이런 상황이기에 오파테크는 투자 유치에 더욱 신중을 기할 수밖에 없었다.

김항석 이사는 경영을 하며 이러한 문제를 계속해서 대면하게 된다고 이야기한다. 개인의 일이나 기업이 가진 프레임은 사회를 고려하지 않을 수 없고, 지속 가능한 기업들은 미션 중심적인 기업들이 많다. 문제는 그것을 지키지 않을 때 발생하곤 한다.

"만약 사회적 이슈에 대해서 고려하지 않는 기업이 있다면 그 기업을 운영하는 이는 기업가가 아니라고 생각합니다. 기업가 정신은 그 자체로도 의미가 있지만, 자본가들이 기업가가 되었을 때, 자본이 기업을 통제하는 순간 문제가 생깁니다. 자본가는 기업이 어떠한 방법으로 이익을 내는지에는 관심이 없기 때문이죠. 일반 기업 중에서 꾸준히 소셜 미션을 잘 지키면서 기업을 운영하는 곳은 모두 경영자가 기업 경영에 대한 흔들리지 않는 철학과 미션을 가지고 있었습니다. 그리고 그것을 지킬 수 있는 시스템을 구축한 곳이었습니다. 결국 사회 문제를 고려하고 사회를 변화시킬 수 있는 지속 가능한 기업은 사회 미션에 대한 철학이 있는 기업가로부터 비롯된다는 것을 깨닫게 되었죠."

그는 오파테크의 멤버들이 같은 뜻을 가지고 있는 공동체라고 생각한다. 다양한 소셜벤처 기업가들을 인터뷰 해 보니, 기업가들이 공통으로 이야기하는 고민은 조직 구성원과의 미션 공유 문제였다. 사회적 기업가는 미션을 중요시 여기기 때문에 조직 구성원들과 같은 생각을 품고, 문제를 향하여 인내심을 가지고 나아가는 것이 무척이나 중요하다. 김항석 이사는 회사의 구성원들을 모두 공동체의 일원으로 생각하기 때문에 같은 생각을 품기 위해서는 아름다운 설득의 과정이 필요하다고 여겼다. 뜻을 합하여 같은 길을 가는 것은 결코 쉬운 일이 아니다. 지속 가능하려면 서로를 이해하고 칭찬하며 충분한 성과도 나타나야 하는데, 이익 중심으로 일하고 사고하면 결코 지속적으로 미션을 공유하지 못했을 것이다.

사회 문제를 해결하는 사람들은 근성이 좋아야 한다고 김항석 이사는 말한다. 그래야만 사회 문제를 해결할 수 있는 혁신적인 방법을 찾아낼 수 있다.

"사회적 기업들은 다른 기업보다 더 뛰어난 기술과 많은 지식을 가지고 있어야 해요. 그렇기 때문에 더 열심히 할 수밖에 없어요."

물론 100개의 스타트업 중 99개 가까이는 실패를 맛본다. 사회 문제도 그렇게 실패와 실패 속에서 살아남은 근성을 가진 이가 해결할 수 있는 가능성이 높다. 사회 문제 해결은 마음만으로는 충분하지 않다. 근성과 기술을 가진 사회적 기업가가 많이 필요한 이유다. 그는 오랜 시간 삶을 통해서 근성을 길렀고, 좋은 멤버들과 함께 기술을 키워 나가고 있다.

현재 그는 오파테크가 만든 제품들을 실제 교육 환경에서 사용할 때 나타나는 효과나 개선점에 대해서 피드백을 받고 있다고 한다.

"앞으로 저희가 만든 점자 교육용 기기를 개발도상국에 제공하려고 해요."

개발도상국의 경우 장애인에 대한 국가 지원이나 교육환경이 미흡하기 때문에 국내보다 상황이 더 좋지 않다. 가격을 낮춘 오파테크의 점자 교육기기가 국경을 넘어 더 많은 시각장애인들의 손끝에 가 닿으면 개발도상국의 점자 교육 확대에도 긍정적인 영향을 미칠 것이다. 개발도상국의 시각장애인 아이들이 놀이하듯 점자를 배우고 글을 읽으며 만나게 될 세상을 떠올리니 그의 근성이 참으로 감사했다.

오파테크의
소셜 프로젝트

세계 시장에서 만나는
점자 교육기기 '탭틸로'

2017년 7월에 판매를 시작한 오파테크의 탭틸로는 점자 교육을 보다 쉽게 할 수 있는 스마트 점자 교육기기다. 글을 처음 배우는 3-4세의 아이부터 단어와 음악을 배우기 시작하는 8-10세의 어린이가 탭틸로의 주요 고객층이다. 점자 디스플레이와 점자 블록을 이용해 읽기와 쓰기를 동시에 배울 수 있는 탭틸로는 단어를 읽어 주는 음성 기능이 지원되기 때문에, 소리를 듣고 점자 블록을 만지며 단어를 익힐 수 있다. 점자를 맞게 썼는지 확인할 수 있는 기능도 있어 복습에 용이하다. 오파테크의 기술로 기존의 점자 교육기기에 비해 전력 소모가 적고, 무엇보다 한 번에 여러 명의 아이들이 스마트폰으로 학습을 할 수 있거나, 학습 내용이 스마트폰과 연계되어 기록된다는 특성을 가지고 있다.

오파테크는 지속적으로 관련 학회에 참가하거나 특수 학교와 소통하면서 탭틸로에 대한 반응을 점검하고 피드백을 받으며 시장을 넓혀 나가고 있다. 2017년 11월에는 미국 10개 주의 학교들을 방문하여 수업에 탭틸로를 적용할 수 있는 방안을 검토했다. 장애인 교육 의무가 강화된 미국 현지 상황을 발판 삼아 주 정부를 대상으로 미국 시장 진출을 꾀하고 있다. 앞으로는 세계 시장으로 진출해 점자 교육이 필요한 다양한 나라에 탭틸로를 선보일 예정이다.

Q   기존의 점자 교육기기와의 차별점은 무엇인가요?

탭틸로는 단어 공부의 학습 효과를 높이기 위해서 스펠링 순서를 바르게 배열하는 게임이 내장되어 있습니다. 혼자서도 충분히 공부할 수 있도록 내장된 단어 리스트를 듣고 따라 쓰거나, 쓴 단어를 다시 읽어 주는 기능도 있고, 이전에 배웠던 단어들로 돌아가 복습할 수 있는 기능도 있습니다. 점자 학습을 위한 블록이 나열된 심플한 형태지만, 와이파이를 연결해 음악이나 수학, 게임 등을 적용시킬 수 있기 때문에, 점자 교육을 위한 준컴퓨터 형태의 학습 도구라고 생각하시면 됩니다. 탭틸로는 처음부터 스마트폰과 연동할 것을 고려하여 저전력의 액추에이터로 만들었습니다. 스마트폰으로 배울 단어를 탭틸로에 입력하고, 아이들이 정확하게 단어를 맞추었을 때 그 결과가 스마트폰에 반영되는 형식입니다. 기존에도 점자 교육을 위한 단말기들이 있었지만, 모든 사람이 사용하는 스마트폰과 탭틸로를 연결하면서 점자를 모르는 사람들도 탭틸로로 점자를 교육할 수 있다는 편의성이 증가되었습니다. 시각장애를 가진 아이를 둔 부모님들이 점자 교육을 학교나 전문가에게만 맡기거나, 직접 점자를 배워 교육해야 하는 불편함에서 벗어나게 됐죠.

Q   탭틸로를 사용한 고객들의 반응은 어떠한가요? 향후 계획이 있다면?

사람들은 점자라고 하면 흰 종이에 볼록한 점들이 올라온 장면만을 떠올립니다. 하지만 탭틸로는 파랗고 노란 원색의 블록 형태로 아이들이 만지기에도 편안합니다. 얼핏 보아서는 블록을 만지작거리고 있는 것 같지만 사실 들은 단어의 형태를 손으로 확인하고 익히는 거죠. 제품을 접해 본 아이들은 탭틸로를 장난감처럼 여깁니다. 누구보다도 탭틸로를 반가워하는 사람들은 점자를 교육하는 선생님들입니다. 지금까지의 점자 교육은 모든 학생에게 개별적으로 일일이 가르쳐야 했기 때문에 체력으로 보나 시간으로 보나 힘들고 비효율적이었습니다. 아이들과 선생님들의 이런 반가움이 섞인 반응에 저희도 큰 뿌듯함을 느끼고 있습니다.

탭틸로는 기본적으로 글자와 숫자, 그리고 음표를 표시할 수 있는 하드웨어입니다. 어떤 콘텐츠를 적용하느냐에 따라서 탭틸로를 통해 할 수 있는 게임이나 교육 방식이 다양화될 수 있습니다. 게임 개발 등은 시각장애인의 학습 방식이나 점자 교육을 이해하고 있어야 하기 때문에 현재는 시각장애인을 위한 게임 개발 전문가와 함께 게임 소프트웨어를 개발하고 있습니다. 오파테크는 콘텐츠 개발을 누구나 할 수 있도록 탭틸로 모듈을 공개하여 운영할 계획입니다.

김항석 – 스마트 점자 교육기기 기업 오파테크

소셜벤처를
돕는 사람들

소셜벤처에 뛰어드는 청년들이 점점 더 많아지고 있다. 환영할만한 일이지만 동시에 걱정이 앞선다. 실패에 대한 걱정이 아니라 준비되지 않은 상태에서 맞이하는 여러 어려움에 대한 안타까움이다.

대한민국은 다른 어떤 나라보다도 소셜벤처에 대한 정부와 대기업의 지원이 많은 편이다. 창업과 초기 단계에 대부분의 지원 방안이 집중되어 있다는 한계는 있지만, 이제 막 창업을 시작한 청년들에게 유용한 정책들이 마련되어 있다. 다만, 분명히 당부하고 싶은 것은 이러한 지원은 자신의 상황에 따라 적절히 활용하면 될 뿐 의존해서도 목표로 삼아서도 안 된다는 것이다. 소셜벤처를 잘 만들고 운영하는 데 필요한 것들을 이야기 하려면 끝도 없겠지만, 초기에 이해하면 좋은 몇 가지 팁을 공유한다.

정부와 지자체 지원

정부의 지원책은 매우 많다. 꼭 소셜벤처라고 이름이 붙지 않더라도 한국사회적기업진흥원에서 추진하는 여러 지원 사업은 몇 가지 조건만 충족하면 참여가 가능하고, 이외에도 중소기업벤처부, 기획재정부, 행정안전부, KOICA 등이 유관 사업을 한다. 최근에는 국토교통부가 도시 재생에 50조 원 가까운 예산을 5년간 집행하겠다고 발표했는데, 여기에도 사회적 경제 기관들이 참여할 수 있다고 하니 넓게 보면 생각보다 많은 곳에 기회가 있다. 서울시나 경기도 같은 지방정부도 유사한 사업을 자주 진행한다. 관련 사업의 세부 사항을 모두 이야기하는 것은 불가능하기도 하지만, 매번 조금씩 변동이 있기 때문에 각 기관의 홈페이지에서 확인하기를 권한다. 가장 정보가 많은 곳은 한국사회적기업진흥원의 홈페이지다.

특히 사회적기업진흥원은 아이디어부터 실제 창업 단계에 이르기까지 하나의 경로를 그려 놓고 있다. 보통 많은 경우 소셜벤처 경연대회나 각종 대회를 통해서 아이디어를 내며 입문하고, 그렇지 않은 경우 각 지역에서 진행하는 육성사업에 참여하며 첫 발걸음을 뗀다. 육성사업에 참여한 뒤에 소셜벤처경연대회에 나가는 경우도 많다. 이 대회는 사업의 수준별로 부문이 나뉘어 있기 때문이다. 이후에는 보통 예비 사회적기업으로 인증을 받는데, 이는 주로 지방정부나 정부부처에서 진행한다. 예를 들어 서울형 예비 사회적기업, 노동부 예비 사회적기업 등으로 불린다. 이때 어느 정도의 매출, 취약계층 고용이라면 고용인원수 등 다소 완화된 사회적기업 인증

소셜벤처를 돕는 사람들

기준에 적합한 조건을 갖추고 있어야 한다. 구체적인 조건은 개별 지역 기관에 확인하는 것이 정확하다.

예비 사회적기업 인증은 보통 2년, 최대 3년 정도 유지가 되는 기간제 인증이다. 때문에 그 이후에는 인증 기간 동안 제공되는 사업개발비 지원이나 일부 인건비 지원 같은 혜택을 받을 자격이 사라진다. 때문에 사회적기업 인증을 받고자 지원하는 경우가 많다. 사회적기업 인증은 꽤 엄격한 조건을 요구한다. 유형별로 조건은 다르지만 대부분 수년 이상 사업을 이어가며 지속 가능한 경영 구조를 마련해야 인증이 가능하다. 예를 들어 고용형이라면 취약계층 고용이 5인 이상이어야 한다. 그 외에도 정관에 이익금의 3분의 2 이상을 사회 목적에 재투자해야 한다는 내용을 넣어야 하거나, 운영위원회 등을 구성해 직원들이 의사 결정에 참여할 수 있는 구조를 갖춰야 하는 등의 조정이 요구된다. 이러한 이유로 사회적기업 인증은 개별 기업 입장에서는 반드시 유리하지만은 않을 수도 있고, 노력 여하와 상관 없이 인증 받기가 까다로울 수도 있다.

설명을 위해서 다소 극단적인 예를 들자면, 고급 패션 브랜드를 영위하는 소셜벤처는 사회적기업이라는 인증이 브랜드에 꼭 좋은 영향을 미치지 않을 수도 있다. 혹은 컨설팅 계열의 회사는 사회적기업 인증에 적합한 구조가 아니다. 그러나 고용을 통해 사회적 가치를 창출하는 기업이거나 공공과 관련된 영역에서 사업을 하는 경우는 사회적기업 인증이 반드시 활용할 만한 요소다.

꼭 지원금과 관련하지 않더라도 이런 사업들 중에는 멘토링이나 컨설팅을 연결하기도 하고, 교육도 제공하며 새로운 판로를 개척해주는 지원 사업도 있으니 도움이 필요하다면 혼자 끙끙거리기보다는 관련 정보를 먼저 찾아보는 것도 좋다. 특히 처음 소셜벤처를 시작할 때에는 다양한 정보를 알아보는 것이 업계와 전체 맥락을 이해하는 데 큰 도움이 되며, 스스로와 잘 맞는 곳을 찾을 수도 있기 때문에 꼭 시간을 투자해 알아보길 권한다.

기업의 소셜벤처 지원

국내는 기업들의 소셜벤처 지원도 두드러진다. 정부의 지원에 비해서 다수에게 열려 있지는 않지만, 보다 자유로운 면이 있고 기업이 가진 자원을 연계할 수 있는 경우에 큰 효과를 볼 수 있다. 가장 오랫동안 꾸준히 사회적 기업, 소셜벤처를 지원하고 있는 SK는 사회성과 인센티브(Social Progress Credit: 사회적 가치에 대해 보상해 주는 사업) 도입, 프로보노(Pro Bono: 공공의 이익을 위한 무료봉사라는 뜻으로 각 분야의 전문가들이 사회적 약자를 돕는 활동을 일컬음), MRO(유지(Maintenance), 보수(Repair), 운영(Operation)의 약자로, 원자재를 제외한 소모형 자재를 일컬음) 구매, 상품 개선 등 다양한 프로그램을 제공하고 있다. 또한 간접적으로는 카이스트청년창업지주에서 투자를 하기도 하고 카이스트에 사회적기업가 MBA 과정을 개설하여 전액 장학금으로 운영하고 있기도 하다. 기업 중에서도 가장 많은 인력이 가장 오랫동안 가장 넓은 범주의 소셜벤처를 지원해 왔기 때문에 계속 눈여겨볼 만하다. 현대자동차 또한 'H온드림'이라는 이름으로 소셜벤처의 창업과 초기 지원을 해 왔다. 매년

소셜벤처를 돕는 사람들

오디션과 교육을 통합한 방식으로 십수 개의 조직을 지원하니 일정을 확인해 볼 필요가 있다. LG전자와 LG화학은 'LG소셜펀드'라는 이름으로 친환경 기반의 사회적 경제 조직을 발굴해 성장 자금과 교육 등을 지원하고 있다. 친환경이라는 테마가 있기 때문에 그에 해당하는 소셜벤처라면 경쟁률이나 교육의 적합성 등을 생각할 때 고려해 볼 만하다. 이 외에도 최근 KT&G, 인천국제공항공사 등도 다양한 방법으로 교육 또는 자금지원사업을 진행하니 참고하자.

조금 다른 종류로 아름다운가게는 '뷰티풀펠로우'라는 사업을 하고 있다. 아이디어 단계의 초기 소셜벤처 기업가가 선정되는 경우는 흔치 않지만, 그럼에도 불구하고 국내에서 진행되는 순수한 펠로우 사업으로는 거의 유일하기 때문에 적절하게 도전해 볼 필요가 있다. 펠로우에 선정되면 최대 3년간 매월 장학금을 제공하는데, 이는 기업의 성장에 골몰하다 보면 생기는 소셜벤처 기업가 개인 생활의 경제적 어려움을 해소하는 데 큰 도움이 될 수 있고, 아름다운가게라는 브랜드의 이미지와 더불어 소셜벤처의 인지도를 높일 수 있다. 경쟁률이 매우 높은 편이기 때문에 급하게 지원하기보다는 긴 호흡을 가지고 접근하기를 권한다.

위에 소개한 것들 외에도 정부와 기업이 제공하는 지원책은 무수하다. 다시 한 번 강조하지만 그 사업들에 선정되는 것을 절대로 조직의 성공 신호나 목표로 삼지 말자. 대회에서 상을 타거나 지원금을 받은 조직이 성공할 가능성이 높다거나 하는 논리적 근거는 전혀 없다. 도리어 본업에 집중할 에너지를 빼앗겨 실제 사업의 진행에 문제가 생기는 경우도 있기 때문에 가급적이면 추천하지 않는 경우도 많다. 꼭 필요한 경우 지원책은 소셜벤처에게 좋은 약이 되지만 무분별하고 기준 없는 의존은 필패의 지름길이다.

소셜벤처들의 둥지, 서울숲과 임팩트 투자자

소셜벤처 생태계에서도 경제적 이익뿐만 아니라 사회적 가치 창출을 고려하여 투자를 결정하는 임팩트 투자자(경제적인 수익만을 추구하는 일반 투자와 달리 결과물에 사회적 가치를 포함시켜 집행하는 투자)와 자생적인 중간 조직들에게 도움을 요청할 수 있다. 전체 사회적 경제 내부에도 다양한 중간 지원조직이 존재하지만, 대부분 기업이나 정부의 지원책에 대한 서비스 전달 조직으로 협업하고 있기 때문에 별도로 서술은 하지 않았다. 지금부터는 최근 주목 받고 있는 서울숲 소셜벤처 클러스터(산업집적지)에 대한 설명을 하고자 한다. 서울숲 소셜벤처 클러스터는 정부 주도의 국내 소셜벤처 생태계에서 최초로 성립된 완전 민간 주도의 클러스터이다. 정경선 대표가 이끌던 루트임팩트와 HGI가 개발을 시작하고 임팩트스퀘어가 초기 기획에 협업했다. 소셜벤처들이 모여서 시너지를 창출하고 공동체를 형성해야 한다는 믿음을 가지고 추진된 해당 프로젝트는 현재 3년여 만에 1200명이 넘는 청년들의 보금자리로 성장했다. 가장 먼저 공사를 진행했던 카우앤독이나 신사동에 있던 오피스를 옮겨 합류한 크레비스타운, 헤이그라운드와 심오피스 등의 공간을 중심으로 하여 다양한 조직들이 자발적으로 모이고 있다.

소셜벤처를 돕는 사람들

심오피스

홈페이지: seamoffice.kr

주소: 서울특별시 성동구 서울숲길 53

심센터

홈페이지: seam.center

주소: 서울특별시 성동구 서울숲2길 46-12

임팩트스퀘어는 심센터와 심오피스라는 두 개의 공간을 운영하고 있다. 심센터는 셰어하우스와 오픈 코워킹 스페이스를 운영하고 있고, 이 공간에서 소셜벤처 교육이나 펠로우십 프로그램도 진행하고 있다. 심오피스는 기본적으로 소규모 소셜벤처들이 고정좌석을 임대하여 사용하도록 하는 코워킹 오피스다. 카페와 루프탑, 교육 공간도 마련되어 있다. 임팩트스퀘어가 소셜벤처 액셀러레이팅 프로그램을 운영하고 관련 조직들을 우선적으로 입주할 수 있게 하고 있으며, 그 외에 시너지를 낼 수 있는 조직들에게도 우선권을 주고 있다. 멤버십 조직들은 임팩트스퀘어가 제공하는 다양한 서비스에서 특혜를 받을 수 있다. 예를 들어 교육 서비스인 스쿨오브임팩트비즈니스, 유통 기획 서비스인 인지상점, 사회적 가치 평가 서비스인 SVI, 또는 액셀러레이팅 프로그램 등에 대해서도 특혜를 받을 수 있다.

헤이그라운드

홈페이지: heyground.com

주소: 서울특별시 성동구 뚝섬로1나길 5

헤이그라운드에는 500여 명의 청년들이 일하고 있다. 단일 공간으로는 가장 큰 규모를 가지고 있는데 신축 건물인 만큼 소셜벤처들의 편의 공간이 잘 설비되어 있다. 특히 지하에는 대규모 교육 공간이 있어 다양한 행사가 열린다. 이 공간은 루트임팩트와 HGI의 창업자인 정경선 대표가 개발한 것으로 결국 양 조직의 다양한 서비스가 연결되어 있다. 예를 들어 루트임팩트가 진행하는 인력 채용 프로그램인 임팩트커리어나 HGI가 진행하는 임팩트 투자가 다소간 유리하게 작용하리라 생각할 수 있다. HGI는 최근 가장 빠르게 성장하고 있는 소셜벤처 중 하나인 마리몬드나 소녀방앗간 등에 투자한 임팩트 투자기관이다.

.

크레비스타운

홈페이지: www.crevisse.com

주소: 서울특별시 성동구 왕십리로 88 노벨빌딩 4층

크레비스타운은 임팩트 벤처빌더인 크레비스파트너스가 신사동에서부터 유지하던 공동 사무실 형태를 확장하여 서울숲 인근으로 이전한 것이다. 투자 받은 조직들 위주로 구성되어 있는 만큼 상호간 시너지를 위한 시도가 많을 수 있고 투자자인 크레비스파트너스와의 긴밀한 협업이 가능하다. 소셜벤처 영역에서 가장 오래된 조직 중 하나로 트리플래닛, 프렌트립 등에 투자하고 성장하는 데 기여하고 있다.

카우앤독

홈페이지: cowndog.com

주소: 서울특별시 성동구 왕십리로2길 20

카우앤독은 이재웅 다음커뮤니케이션즈 창업자가 투자하여 개발한 공간이다. 2008년부터 시작하여 카셰어링 회사인 쏘카, 크라우드 펀딩 플랫폼인 팀블벅 등에 투자하였던 SOPOONG이나 최근 좀 더 큰 규모의 투자를 집행하는 옐로우독 등이 이재웅 창업자의 투자 기관을 중심으로 운영되고 있다. 특히 소풍은 연 2회 인큐베이팅 프로그램을 진행하고 있기 때문에 소셜벤처 클러스터 진입에 가장 명확한 방안을 제시한다고 할 수 있다.

소셜캠퍼스온 서울

홈페이지: 사회적기업진흥원(www.socialenterprise.or.kr) 참고

주소: 서울특별시 성동구 광나루로 286 아인빌딩 8~9층

소셜캠퍼스온은 다른 곳과는 다르게 정부가 만들어 공급하고 있는 공간이다. 서울숲 소셜벤처 클러스터의 성장에 협업하고자 사회적기업진흥원이 2017년 초에 개발하였는데 기존 공간들은 모두 어느 정도 이상의 임대료를 지불해야 하는 것과 다르게 이 공간은 정부지원으로 선발되면 무상으로 공급된다. 다만, 기존 클러스터는 서울숲역과 뚝섬역 인근에 자리 잡고 있는데 비하여 소셜캠퍼스온은 성수역 북쪽에 떨어져 있어서 물리적으로 쉽게 교류할 만큼의 인접성은 없다. 그럼에도 공간이 넓고 다양한 정부지원책을 활용할 수 있으며, 최대 2년까지 무상으로 이용이 가능하므로 서울숲 소셜벤처 클러스터에 진입 방안으로 고려할 수 있으리라 생각한다.

소셜벤처를 돕는 사람들

고용형 사회혁신기업
히즈빈스Hisbeans

임정택 대표

임정택

경영학과 경제학을 공부하며 일찍부터 창업을 꿈꾸었다. 창업 아이템으로 골몰하던 중 아시아대학생 창업교류전에서 중국 극빈층의 삶을 변화시키는 포부를 밝힌 또래 청년의 발표를 듣고 아이템만 고민하였던 자신의 모습을 크게 반성하며 소셜벤처에 관심을 갖기 시작했다. 2008년 한동대학교 교수님과 동문들의 도움으로 ㈜향기내는사람들을 창업, 포스코에서 5천만 원의 창업지원금을 받아 2009년 한동대학교에 커피전문점 히즈빈스 1호 매장을 열었다. 히즈빈스는 장애인들을 바리스타로 교육하고 채용하는 커피 브랜드로 현재 전국에 13개의 매장을 운영하고 있다. 기독교 신자인 임정택 대표는 신앙심을 근간으로 사랑과 소통, 전문성을 기업의 핵심 가치로 내세우고 장애인이나 새터민, 기초생활수급자 등 사회 취약계층을 지원하는 다양한 사업을 펼치고 있다.

히즈빈스

히즈빈스는 ㈜향기내는사람들이 운영하는 커피 전문 브랜드
다. 처음부터 고용형 사회혁신기업을 꿈꾸며 장애인 바리스타를 고
용하여 일자리를 제공하는 것을 목적으로 창업했다. 히즈빈스는 체
계화된 교육 프로그램을 통해 커피 전문가를 양성하고, 장애인의
고용을 보장한다. 뿐만 아니라 일회용컵 사용 최소화, 공정무역 원
두 사용 등 매장 운영에서도 사회적 기업의 역할에 충실하고자 한
다. ㈜향기내는사람들은 히즈빈스 외에도 빵을 굽고 원두 로스팅을
하는 공장 '향기제작소'를 운영하여 히즈빈스 매장과 연계하고 있으
며, 직업 기술 교육을 하는 '향기나눔지원센터', 새터민의 취업과 창
업을 지원하는 '꿈꾸는 떡 설레', 그리고 기업이 장애인을 안정적으
로 고용하도록 컨설팅하는 '히즈빈스 컨설팅' 등을 운영하며 지속
적으로 지역 사회에서 장애인과 새터민들의 고용과 교육에 앞장서
고 있다. 2016년에는 디저트 전문점 '히즈빈스 디저트' 1호 매장을
열기도 했다. 히즈빈스는 2015년 세계정신재활대회에서 우수사례
로 발표되며 국내외 주목을 받았다.

히즈빈스(Hisbeans)의 'HIS'는 하나님을 뜻한다. 이웃을 사랑하고 감싸 안으며 감동과 기적을
만들어 나가겠다는 임정택 대표의 신앙심이 깃들어 있다.

세상 밖에 살던 이들,
세상 속에서 일하다

사회적 기업 중 가장 많은 고민과 노력이 필요한 형태는 고용형 사회적 기업이라고들 한다. 제품이나 기술을 통해서 문제를 해결할 경우 제품 개발이나 판매 혹은 서비스가 사회 문제 해결에 미치는 영향에 대해서 고민하는 것이 보통이다. 이와 달리 고용형 사회적 기업은 운영 방식과 과정에서 보다 많은 노력과 시행착오가 필요하다. 무엇보다 직원이 직무에 적응하여 수익을 창출할 수 있는 기업으로 세워지기까지의 기다림의 시간과 인내가 필수적이다. 건강, 장애, 전과, 정신 문제 등 여러 가지 이유로 사회의 관심과 배려, 보호가 필요한 사람들을 직접 대면하고 교육하며 직무를 익히게 하고 사업을 운영하기란 결코 쉬운 일이 아니다. 여타의 벤처와는 달리 제품의 완성도나 시장의 좋은 반응만으로 급속도의 성장을 이루기 어렵다. 그러나 고용형 사회적 기업의 꾸준한 사업 운영이야말로 사회적 약자의 고용 문제를 해결하는 가장 확실한 방법이다. 고용형 사회적 기업을 운영하는 여러 소셜벤처를 모색하던 중 주변의 여러 사람들에게 임정택 대표의 이야기를 전해 들었다. 대학생이었던 20대 중반부터 소셜벤처를 시작해, 10년이란 세월이 흐르는 동안 다양한 방향으로 사업을 확장해 나간 그를 카페에서 만났다.

"히즈빈스에서는 장애가 있는 직원들을 선생님이라고 부릅니다. 지금 커피를 드시고 계신 이 카페도 한 명의 매니저를 제외하고는 다 선생님들이 커피를 내리고 있어요."

빈틈없이 사람들로 가득 찬 카페에서 만난 임정택 대표는 차분한 목소리로 선생님이란 호칭으로 바리스타들을 소개했다. 나도 모르게 커피를 내리는 바리스타 쪽으로 시선이 갔다. 커피의 맛이나 서비스, 매장 분위기에서 다른 카페에 비해 부족함이 있다는 생각이 전혀 들지 않았다. 인터뷰를 하러 오는 내내 들었던 의문이 괜한 노파심이었다는 것을 깨달았다. 이미 10여 년 전부터 레드오션이 되어 큰 프랜차이즈 커피전문점도 살아남는 것이 어려운 한국에서 그는 왜 굳이 커피라는 분야를 선택했을까?

현재 히즈빈스에서 바리스타로 일하는 선생님들은 40여 명. 이 중 80퍼센트 가량은 조현병이나 우울증 등의 정신장애나 발달장애를 가지고 있고, 20퍼센트는 시각이나 청각, 지체장애를 가지고 있다.

"대부분의 선생님들은 장애 때문에 일을 못하는 것이 아닙니다. 선생님들의 상황에 맞는 교육이 없을뿐더러 어떤 교육을 어떻게 해야 하는지 체계적으로 시스템을 갖춘 곳이 없어요. 무엇보다도 업무에 완전히 적응할 수 있도록 일자리를 보장해주는 곳이 없다는 한계가 있었습니다."

아무런 장애가 없는 사람도 직장에 적응하려면 보통 6개월에서 1년의 시간이 필요하다. 그렇다면 20여 년 동안 병과 싸우다 30대 후반 즈음에 처음 일하는 사람에게 직장은 얼마나 적응하기가 어려운 곳일까. 일의 연속성을 생각하자면 선생님들의 상황은 더 심각해진다. 자본주의 시장은 선생님들을 기다려 주지 않는다. 능력이 없다고 해고하거나, 소외되는 일이 반복되며 조직에 적응하기 더욱 어려워지고 사회 생활에 점차 위축되기 일쑤다. 어렵게 불편하고 어색한 시간들에 겨우 적응하고 일에 능숙해질 무렵, 연계 프로그램이 끝나거나 계약이 끝나는 상황도 잦다. 이윤과 효율을 추구하는 기업에서는 마냥 선생님들을 인내하고, 이들을 위한 시스템을 갖추기가 쉽지 않다. 게다가 사업의 지속을 위해서는 수익성도 외면하기 어렵다. 한 번에 두 마리 토끼를 다 잡지 않으면 고용형 사회적 기업은 가치 실현 자체가 어렵다. 그는 어떻게 이 쉽지 않은 길에 들어서게 된 걸까?

가장 작은 자를 찾아 나서다

임정택 대표가 처음 창업에 관심을 가진 것은 10년 전, 그가 아직 대학생이던 시절이었다. 25세에 군대를 다녀와 여느 학생들과 마찬가지로 앞으로 어떻게 살까 한참 고민하고 있었다. 그는 경영과 경제를 공부했는데, 당시 그 분야에서 학부생이 가장 과감하게 할 수 있는 도전은 창업이었다. 2008년 4월, 그는 국내의 한 창업대회에 나갔고 5월에는 홍콩의 아시아 대학생 창업대회에 나갔다. 딱히 꿈이랄 것도 없이 살아오다가 젊음을 무기로 창업에 도전하자 결심했을 때, 처음엔 당연히 '어떤 아이템이 대박이 날까?' 하는 생각뿐이었다. 창업의 목적도 단순했다. 돈을 많이 벌어 안정적인 삶을 살자는 것 외에 다른 생각은 없었다. 하지만 홍콩에서의 창업대회는 그의 생각을 완전히 바꾸어 놓았다. 그가 지금까지 창업의 이유를 '나'를 중심으로 두었던 것에 비해, 홍콩에서 만난 많은 또래 청년들은 세상과 타인에 대하여 고민하고 있었다. 어떤 서비스로 사

임정택 - 고용형 사회혁신기업 히즈빈스

회 문제를 해결하고, 어떤 제품을 개발해 사회 발전에 기여하겠다는 이야기를 들으며 그는 적지 않은 충격과 자극을 받았다. 가장 인상적이었던 건 북경대에서 온 또래 청년의 발표였다. 중국 극빈층의 삶을 변화시키는 회사를 만들겠다는 포부가 담겨 있었다. 자신만을 생각했던 스스로가 부끄러워졌다.

홍콩에서 돌아오는 내내 그는 끊임없이 생각했다고 한다. '나는 어떤 삶을 살아야 할까.' 창업 아이템을 떠나서 내가 창업을 통해 이루고 싶은 것은 무엇인지, 삶의 방향을 먼저 고민하지 않으면 안 됐다. 공항 버스가 포항의 시내 사거리에 멈춰 섰을 때, 마침내 그는 새로운 인생 각오를 마음에 새겨 넣었다. '세상의 작고 소외된 이들을 위해 살겠다'는 다짐이었다. 이때의 각오가 지난 10여 년 동안 히즈빈스를 이끌어 온 힘이 되었음은 말할 것도 없다. 하지만 당시에는 그 각오를 뒤따라오는 질문이 있었다. 과연 '작고 소외된 이'는 누구일까.

그는 온몸으로 부딪혀 나가는 타입이다. 목표를 정하고 나니 막연히 소외계층을 위한 일을 생각하기보다는, 직접 현실을 마주하고 진짜 필요한 일이 무엇인지 찾고 싶었다. 인터넷 검색이나 통계 수치만으로는 한계가 있었다. 사람들을 직접 만나고 싶고 이야기를 나누며 온몸으로 실감하고 싶었다. 6개월 동안 시간이 날 때마다 장애인, 기초수급생활자 등 가능한 많은 사람을 만나고 다녔다. 구청과 시청, 동사무소에 찾아가 도움을 요청하기도 했다. 갑자기 찾아온 낯선 청년을 처음에는 모두 경계했다. 하지만 만남이 반복되며 조금씩 마음을 열고 친해질 수 있었다. 이 과정에서 알게 된 사실은 그의 생각보다 더 많은 사람들이 정신 질환으로 사회 생활에 어려움을 겪는다는 것이었다. 시각장애인이나 청각장애인도 사회 생활에 어려움을 겪기는 마찬가지이지만, 조울증 등의 정신 질환은 사회의 낙인이 무서울 뿐만 아니라 사회의 편견 때문에 직장에 적응할 수 있도록 배려하는 제도나 시스템, 교육의 폭이 매우 좁다. 그러다 보니 어렵게 직장을 구했다가도 한두 달도 버티지 못하고 그만두는 경우가 많다.

제품을 개발하거나 수익을 나누는 회사를 세울 수도 있었을 것이다. 그러나 그가 사람들을 만나며 확실하게 깨달은 것은 단순한 도움이나 지원이 필요한 게 아니라는 사실이었다.

"선생님들이 원하는 건 남들과 똑같이 일하고, 대우 받고 함께 어울리는 거예요."

선생님들이 스스로 일자리를 갖고 사회에 나와 사람들과 부대끼며 삶을 개선할 수 있는 기회를 만드는 것이야말로 그가 앞으로 해야 할 일이란 생각이 들었다.

해결을 위해 복잡한 기술이 필요하진 않다

방향을 정하고 나니 수단을 찾는 여정이 시작되었다. 선생님들이 지속적으로 일할 수 있고, 안정적인 수익을 창출하기 위해서는 몇 가지 조건이 필요했다. 가장 우선은 해당 직업에 대한 체계적인 교육과, 그 교육을 할 수 있는 기술이 필요했다. 또 선생님들

임정택 – 고용형 사회혁신기업 히즈빈스

이 업무에 적응할 수 있는 시간을 주는 것도 중요했다. 이 세 가지가 맞아 떨어지는 아이템을 찾다 보니 바리스타라는 직업이 눈에 들어왔다. 바리스타는 아주 복잡한 단계의 기술이 필요하지는 않고, 오래 숙련하면 전문성도 갖출 수 있는 직종이다. 커피를 내리는 것 외에도 카페 업무 전반이 선생님들이 충분히 시도해 볼 만하다는 생각이 들었고, 적응 시간을 유동적으로 조절할 수도 있었다. 2008년을 기점으로 향후 10년간은 한국의 커피 시장이 활성화될 것이라는 전망도 힘이 됐다.

창업 아이템을 모색하며 임정택 대표는 많은 장애인들이 아주 좁은 공간에서 비누나 수세미를 만드는 일을 하고 있다는 것을 알게 되었다. 서로 대화하거나 교류하면서 일하기 어려운 환경이었고 작업장에 혼자 앉아 주어진 일만 반복했다. 직장생활을 한다고는 볼 수 없을 정도로 업무 환경이 폐쇄적이라는 사실에 놀랐다. 카페는 달랐다. 하루에 수십 명에서 수백 명의 사람들과 마주치는 곳이다. 조직이나 사회에서 단절되는 것이 아니라 사회 속에 들어와 다양한 사람들과 대면하며 일할 수 있다는 점이 좋았다.

고용을 창출하는 비즈니스 모델을 가지려면 전문성이 필수였다. 그는 전국을 돌아다니며 바리스타들을 만나 커피는 물론, 카페라는 업종 전반에 대해 배우기 시작했다. 스스로 커피를 공부한 다음에 고민한 것은 과연 장애가 있는 사람도 교육을 통해 바리스타로 전문성을 갖출 수 있을지 여부였다. 우선 정신 질환이 있는 네 명의 선생님이 한 달간 바리스타 교육을 받으며 가능성을 검토했다. 기본 교육이 끝나고 수료식을 하면서 선생님들은 우수한 결과를 보여 주었으며, 심화 교육만 받으면 상당한 실력을 갖출 수 있을 것이라는 평가를 받았다. 6개월간의 심화 교육이 끝날 즈음엔 각자 완성된 제품을 내놓을 수 있을 정도로 실력이 향상되었다. 교육을 거듭할수록 점점 제품의 품질을 보장할 자신이 생겼다. 임정택 대표는 이때 교육의 중요성을 절감했다. 또한 장애가 있더라도 충분히 교육 받으면 자립할 수 있는데 그 자립의 기회를 얻지 못했다는 사실을 확인하는 계기였다.

모교인 한동대학교에 히즈빈스 1호 매장을 내며 임정택 대표는 선생님들이 완전히 업무에 적응하기까지 몇 년이 걸리더라도 해고하지 않겠다는 '고용의 보장'을 원칙으로 내걸었다. 비장애인들도 일을 배우고 적응하는 데에는 많은 시간이 걸린다. 직장생활이 낯선 장애인들에게 고용의 보장은 심리적인 불안감을 덜어주고 천천히 사회에 발을 들여놓을 수 있는 기회를 열어 준다. 회사에서 주는 압박감이 사라지니 선생님들도 여유로운 마음으로 새로운 기술을 배우고 손님을 맞이할 수 있었다. 히즈빈스 창업 후 함께한 40여 명의 선생님들 중 해고된 이는 아무도 없다. 히즈빈스는 점차 오래 근속한 베테랑들이 일하는 커피전문점으로 자리 잡을 수 있었다.

체계적인 교육 시스템을 구축하다

히즈빈스는 면접을 보고 선발한 선생님을 중심으로 7단계의 교육을 꼼꼼하게 진행한다. 1단계에서는 동기부여 교육을 한다. 어떤 장애가 있든, 어떤 꿈을 가지고 있든 지금 일하고 있는 것이 꿈으로 연결된다는 것을 인지시켜 주는 디딤돌이 되는 과정이다. 직업과 꿈이 연결되지 않으면 일에 의미가 없어지거나 힘든 상황이 찾아왔을 때 이겨낼 이유가 사라진다. 7단계 교육 중 실제로 일을 하게 되었을 때 발생할 수 있는 어려움을 극복할 수 있도록 기반을 닦아 주는 가장 중요한 교육이 1단계에서 이루어진다. 간혹 부모의 권유로 히즈빈스를 찾아오는 사람들도 있다. 그런 경우 1단계를 넘기지 못하는 경우가 종종 있다. 어떤 업무건 본인 스스로 하고 싶다는 의지가 중요하다.

2단계부터는 전문 바리스타가 되기 위한 기초 교육을 받는다. 2단계에서 배우는 것은 위생과 청결이다. 장애가 있으면 청결하지 못할 것이라는 선입견이 있기 때문에, 선입견을 극복하기 위한 자체 노력이 필요하다는 판단에서 시작했다. 매장 내부의 청결뿐만 아니라 스스로의 몸을 청결하게 가꾸고 출근하는 것까지 전반적인 교육이 이루어진다.

복장부터 카페 내의 위생까지 기본이 되는 사항들을 2단계에서 교육하고 나면 3단계에서는 서비스업에 대한 교육을 한다. 많은 시간을 홀로 보냈을 선생님들은 단순히 커피를 배우는 것으로 업무에 투입될 준비가 되지 않았을 가능성이 높다. 때문에 단순히 인사나 친절한 대응 정도를 배우는 것이 아니라 대인관계 기술, 말투, 표정까지 세세한 부분도 모두 챙긴다. 1단계부터 3단계까지 오랜 시간이 많이 걸리더라도 가장 중요한 기초 교육들이기에 꼼꼼하게 체크해 나간다.

4단계는 커피의 역사부터 바리스타가 어떤 직업인지 커피에 대한 이론을 배운다. 그리고 5단계에서는 사이드 메뉴나 음료 등 레시피를 숙지한다. 5단계까지 교육을 이수하면 드디어 6단계에서 커피를 만들기 시작한다. 7단계에서는 현장실습을 하고, 함께 일하면서 실제 업무에 투입되었을 때를 점검하는 체험 교육을 진행한다. 7단계에서 최종 평가를 하여 합격점을 받으면 일을 시작할 수 있다. 최종 평가에서 합격하지 못할 경우 필요한 단계로 돌아가서 재교육을 받는다. 교육에 시간이 많이 걸리더라도 히즈빈스는 끝까지 선생님들을 기다려 준다.

교육 과정은 총 24회로 구성되어 있다. 매일 교육을 받을 수도, 일주일에 한두 번 교육을 받을 수도 있다. 상황마다 기간을 다르게 하여 교육 프로그램을 진행한다. 지금까지 이 7단계 교육을 마치고 정식 고용된 선생님은 공장에서 근무하는 선생님까지 포함해 40여 명 정도. 현재 14기까지 교육 프로그램을 이수했다. 1년에 두 기수를 운영하며, 한 기수에 최대 4명 정도를 교육했다. 고용한 선생님의 연령대도 다양하다. 20대부터 50대까지 분포되어 있으며 30대와 40대가 가장 많다. 체계화된 교육 과정은 느리지만 정확하고 단단하게 히즈빈스의 기반을 쌓아 나갔다.

일곱 명의 지지자가 바꾸는 세상

철저한 면접과 교육이 선생님들의 직업 훈련 과정의 전부는 아니다. 히즈빈스에서 일하는 선생님들은 실전에서 100가지가 넘는 메뉴를 만들어야 한다. 비장애인도 숙지하기 쉽지 않은 분량이다. 처음 일하는 선생님들에게는 많은 상황이 어려움으로 다가온다. 히즈빈스를 운영하면서 가장 힘들었던 순간은 선생님들의 고비와 함께 찾아왔다. 아무리 심사숙고해 선발하고 오랫동안 정성 들여 교육해도 첫 1년 안에 열이면 열 명 모두 다 일을 그만두고 싶어 했다. 처음 그 상황을 겪고 임정택 대표는 큰 허탈감을 느꼈다고 한다. 분명히 교육과 일자리가 선생님들의 생활은 물론 내면의 회복에도 도움이 되고 있는 것 같았는데, 일을 그만두고 싶다는 이야기에 지금까지의 노력들이 물거품이 되는 것 같았다. 일을 하고 싶어 좁은 방을 박차고 나온 이들이지만, 현실은 어려움의 연속이다. 예상하지 못한 상황들, 세상의 편견들은 피할 수 없는 현실이다. 충분히 적응을 했다고 생각했던 선생님이 예상치 못한 시점에 갑자기 출근을 안 하고 싶다는 전화를 할 때, 그때가 가장 중요한 시점이라고 임정택 대표는 말했다. 갑자기 아침에 증상이 나타나 외부로 나가기 어려울 수도 있고, 축적되었던 어려움이 수면 위로 올라올 수도 있다. 일을 못 나오겠다는 전화를 한두 명이 아니라 일을 시작한 모든 선생님에게 받았을 때, 임정택 대표는 이 문제를 체계적으로 해결할 방법이 필요하다는 것을 절감했다.

"히즈빈스를 운영하며 적응을 힘들어 하는 선생님들을 많이 대면했습니다. 이야기를 나누면서 내린 결론은 맞춤형 교육, 주변의 지지, 기다림이라는 세 가지 요소가 있다면, 선생님들은 어떤 업무든 다 소화해 낼 수 있다는 것이었습니다. 그중에 가장 중요한 것은 바로 주변의 지지예요."

선생님들의 가장 가까이에서 도움의 손길을 내미는 사람은 바로 매장의 매니저다. 각 매장에 한 명에서 두 명뿐인 매니저는 비장애인을 채용한다. 선생님들과 소통을 하고 고객과 카페의 모든 관리를 책임지는 등 매니저의 역할이 중요하다 보니 매니저를 뽑는 것이 가장 힘들었다. 제 아무리 많은 사람들이 지원을 해도 자격이 맞지 않으면 뽑을 수가 없다. 신앙 정체성, 복지 정체성, 기업 정체성이라는 세 가지 인재상에 맞으면서도 사랑과 소통 그리고 전문성이라는 핵심 가치가 균형을 이루는 사람이 필요했다. 하나라도 없으면 문제가 생겼다. 매니저들은 매일 선생님을 격려하고, 칭찬하며 소통하는 것을 최우선에 둔다. 그러나 이들만으로는 힘에 부칠 때가 있다.

매일 예고 없이 찾아오는 고비를 넘기기 위해 다음으로 생각해 낸 방안이 짝꿍 제도였다. 처음에 히즈빈스를 만들었을 때 임정택 대표는 아직 학생의 신분이었다. 2학년 2학기 때 소셜벤처를 시작했고 주변에서 도와주는 이들도 모두 학생이었다. 선생님마다 한 명씩 학생 짝꿍을 만들어서, 일하러 오기 싫다는 연락을 받으면 짝꿍을 출동시켰다. 짝꿍이 선생님께 연락해서 밥도 먹고 영화도 보고 노래방도 갔다. 그렇게 하루를 보내고 나면 선생님들 표정이 변하고 다시 일을 하겠다는 의지가 생겨났다.

"몇 번 겪다 보니 이 고비가 단순히 장애의 문제가 아닌 것 같

임정택 - 고용형 사회혁신기업 히즈빈스

다는 생각이 들었어요. 자신감의 문제였죠. 다양한 이유에서 시작된 고비였지만 자신을 지지하는 사람이 있다는 그 사실 하나만으로도 큰 의지가 됩니다. 그렇게 선생님들은 다시 히즈빈스로 돌아왔습니다."

히즈빈스를 오픈하고 3년차가 되는 시점부터는 짝궁 제도를 발전시켜 다각적 지지 시스템을 구성했다. 한 명의 선생님께 일곱 명의 지지자를 연결했다. 7이란 숫자에 딱히 의미를 부여한 것은 아니었고 다양한 상황에서 필요한 지지자들을 구성하다 보니 만들어진 숫자였다.

가장 먼저 지지자가 되어 준 이들은 학생 자원봉사자들이다. 그의 모교인 한동대학교를 중심으로 히즈빈스를 운영하다 보니 그 지역 대학생 자원봉사자들이 선생님의 친구이자 지지자가 되어 주었다. 특별한 역할이 있는 것은 아니지만, 그냥 힘이 들 때 같이 밥을 먹을 수 있는 사람이 생긴 것이다. 이외에도 특수한 상황과 전문 지식을 갖춘 사회 복지사, 교수님, 의사, 함께 일하는 바리스타 선배, 본사 직원, 교회 목사님 등이 구성원이 되었다. 선생님에게 어떤 어려움이 생기면 지지자들에게 연락이 가고 시급한 상황일 경우 한 시간 내에 사회 복지사가 찾아가기도 한다.

"잘 갖추어진 교육 프로그램과 지지 시스템이 있어도 일이 쉬워지거나 개개인의 내적 문제가 바로 해결되는 것은 아니에요. 언제든 증상이 나타날 수도 있죠. 하지만 평생 증상을 안고 살아갈 수 있음에도 불구하고 꿈을 이룰 수 있다는 희망이 히즈빈스의 믿음입니다. 일주일에 0.1퍼센트라도 나아진다면 성공이라고 생각해요. 심리적 증상에는 주기가 있기 때문에 너무 좋은 상태를 유지하다가 다시 떨어지기도 해요. 그럴 땐 실망하거나 좌절하지 않고 잠시 쉬면 됩니다. 무너질 때는 무너짐을 인정하고 함께 가는 방법을 찾는 것이 고용형 사회적 기업을 운영할 수 있는 방법인 것 같습니다. 물론 쉽지 않지요. 사명감과 인내심이 필요한 순간들도 있어요. 하지만 시간이 흐르면서 저도, 선생님들도, 그리고 히즈빈스도 성장해 있다는 걸 깨달을 수 있었습니다."

사회적기업 인증의 사각지대

우리나라의 사회적기업 인증제도는 고용노동부가 운영하는 만큼 취약계층 고용에 있어서 지원 제도의 유용성이 매우 높다. 그래서 인증을 받은 사회적기업 중에는 고용형 사회적기업이 많은 편이다. 상대적으로 이 분야는 성과가 매우 취약한 편이기도 하다. 그러나 히즈빈스는 사회적기업 인증을 받지 않고, '사회혁신기업'이라는 말을 사용하고 있다. 여기에는 정부의 지원에 의존하지 않고 지속적인 운영을 하겠다는 임정택 대표의 의지가 담겨 있다.

모든 사회 문제가 그러하지만 특히 고용은 고용시장이라는 시장이 제대로 작동하지 않는 어떤 이유 때문에 일어난다. 그리고 대부분의 이유는 결국 생산성 대비 인건비라는 이야기로 정리된다. 기업이라면 마땅히 어느 수준 이상의 비용을 지출해야 한다. 그런데 고용 취약계층이라 함은 어떤 이유건 그 수준 이상의 수익을 창출할 수 없는 개인이라는 말이다. 때문에 이 문제가 해결되지 않고 고용이 일어나면 당연히 회사는 적자를 낸다. 물론 정부가 고용형 사회적기업에 일부 인건비를 보전해 주지만 그렇다고 해서 모든 문제가 해결될 만큼의 비용을 제공하는 것은 아니다. 때문에 고용형 사회적기업이건 다른 소셜벤처건 모두 어떻게 하면 임금과 생산성 간의 격차를 좁힐 수 있을까 또는 그 이상의 시너지를 낼 수 있을까를 고민해야 한다. 히즈빈스 또한 그러한 고민을 길게 이어 오며 조금씩 방법을 찾고 있는 소셜벤처 중 하나다. 그런 의미에서 교육과 지지자 시스템은 히즈빈스가 선생님들의 주요 특성을 잘 보완하면서 장기적인 관점에서 임금 대비 생산성의 해결 지점을 탐색해 나가는 중요한 요소다.

임정택 대표는 처음 히즈빈스를 시작할 때부터 창업의 목표를 장애가 있는 선생님들이 직업을 통해 사회 속으로 들어와 사람들과 함께 부대끼며 살아갈 수 있는 환경을 마련하는 데 두었다. 정부의 지원에 의존하다 보면, 지원이 끊기는 상황이 생겼을 때 기업의 지속 가능성을 보장할 수 없다. 또한 교육과 지지자만 있으면 선생님들은 비장애인들과 마찬가지로 어떠한 일이든 다 해낼 수 있다는 그의 생각과도 여러모로 결이 달랐다.

우리 나라 사회적기업 인증제도는 고용에 과도하게 치우쳐져 있다는 비판을 종종 받는다. 특정 부문에 대한 과도한 집중은 다양성과 혁신을 저해하기 때문에 중요한 지적임은 틀림이 없다. 그러나 국내에서 가장 큰 사회 문제 중 하나가 고용 문제라는 사실을 고려했을 때, 이 정책 자체를 문제로 여길 필요는 없다. 세계의 초기 사회적 기업들도 대부분 고용형이었다. 히즈빈스 같은 고용형 사회적 기업의 우수 모델은 단순히 단기간의 소득 제고에 영향을 주는 것이 아니라, 장기적으로 더 나은 한 사람이 되도록 돕기 때문이다.

사회에 사람보다 중요한 것이 있을까. 결국 우리에게 필요한 것은 인증의 유무를 떠나 더 좋은 고용형 사회적 기업이 늘어나는 것이다. 그런 의미에서 임금과 생산성이라는 고질적인 갈등구조를 다소간 해결한 히즈빈스의 사례는 더욱 주목할 만하다.

또 다른 꿈으로, 한 걸음 더

임정택 대표는 커피전문점에 관심과 포부를 가지고 사업을 시작한 것이 아니라, 고용혁신기업을 꿈꾸며 커피전문점이라는 수단을 선택했다. 장애가 있는 선생님들을 만나고 선생님들이 할 수 있는 일을 찾고, 그 꿈들을 주변과 나누다 보니 커피라는 아이템에 도달했고 어느덧 히즈빈스는 13호점으로 규모가 확장되었다. 시작부터 철저하게 삶의 회복이라는 점에 초점을 맞추었기 때문에 사실 히즈빈스의 사업 목표는 확장이 아니었다.

히즈빈스의 지난 시간을 돌아 보면 뜻이 있는 곳에 길이 있다는 표현이 떠오른다. 세상의 가장 작은 자들, 선생님들의 삶을 바꾸고 일할 수 있는 직장을 마련하자는 일념 하나로 방법을 찾았던 20대 임정택 대표의 여정은 결코 쉽지 않은 과정이었을 것이다. 좋은 동기에 흔쾌히 마음을 열어 준 이들도 있겠지만 그 과정 속에서 수많은 거절을 받았을 테고 돕기 위하여 다가간 선생님들조차도 임정택 대표의 선한 뜻을 몰라 줄 수 있었다. 어떻게 10년 넘는 시간을 포기하지 않고 끊임없이 투자할 수 있었는지 궁금해졌다.

"저도 아이를 키우고 있습니다. 아직 어리다 보니 아들이 저에게 좋고 반갑다고 애정표현을 하다가 자기도 모르게 제 얼굴을 할퀴기도 하죠. 순간적으로 얼굴이 따끔거리고 아프기도 하지만 아빠가 좋아서 하는 아이의 행동 때문에 제가 상처를 받고 아이를 멀리하진 않습니다. 선생님들과의 관계도 같은 것 같습니다. 선생님들의 변화가 나 때문에 이루어졌다고 생각하거나, 그 몫이 나에게 달려있다고 생각하는 순간 끝없는 싸움이 시작됩니다. 과정 속에서 발생할 수 있는 문제들에 상처받고 지쳐서 포기하게 되죠. 하지만 선생님들을 믿고 서로를 위로하고 격려하며 지내다 보면 역으로 선생님들께 위로를 받는 시간도 많아요. 선생님들은 특정 부분에 장애가 있지만 다른 분야에서는 엄청나게 큰 강점이 있습니다. 장애가 있는 부분은 도와주지만, 나머지는 그분들에게 배우는 것이 히즈빈스를 운영하면서 깨달은 너무나 소중한 점이었어요. 히즈빈스에서 사용하는 선생님이란 호칭은 예의상의 호칭이 아닙니다. 약한 자로 험한 세상을 견디다 보니 선생님들에게는 다들 삶에 대한 깊은 내공이 있기 때문에 인생의 선배이고 선생님이에요. 저는 질환 때문에 일을 하기 어려운 선생님들의 상황을 돕지만, 삶의 더 많은 순간에 선생님들이 저를 격려해 주셨습니다."

가장 인상적인 선생님이 있냐는 질문에 임정택 대표는 너무나 자랑스러운 표정으로 한 선생님의 이야기를 꺼냈다.

히즈빈스 교육생 1기로 2008년부터 지금까지 일하는 이 선생님은 후배 바리스타들 사이에선 조상님이라고 불린다. 처음 히즈빈스에서 일을 시작했을 때 선생님은 조울증에 망상 증세로 힘든 시기를 보내던 상황이었다. 집 밖으로 나가는 것도 어려웠는데 일에 적응하고 3년의 시간이 흐르며 점차 커피 분야의 전문가가 되었다. 4년차가 되었을 때 선생님은 마음에 담아 둔 꿈을 이야기하기 시작했다.

"나는 많이 회복됐으니 이제 나와 비슷한 상황의 사람들을 돕고 싶어요."

새로운 꿈을 꾸기 시작한 선생님은 40대에 대학의 사회복지학과에 입학했다. 자신이 겪은 회복의 경험을 대학에서 강의하기도 했다. 놀라운 것은 이 선생님에게 자극을 받고 용기를 얻은 다른 선생님들이 다섯 명이나 더 대학에 진학했다는 사실이다. 일을 하며 자신감을 얻은 선생님들은 1-2년 후엔 연애도 하고 싶고 결혼도 하고 싶다는 마음속 깊은 바람들을 꺼내기도 했다. 안정적으로 일을 하고 공부도 하면서 그제서야 마음속에만 담아 두었던 꿈들이 여기저기서 튀어나왔다. 선생님들은 단지 일방적인 도움 또는 지원을 바라는 것이 아니라, 다른 비장애인들과 마찬가지로 직장을 다니고 결혼해 가정도 꾸리며 소소하고 평범한 일상을 누리고픈 소박한 꿈이 있었다.

43년 만에 여자친구가 생긴 선생님의 프로포즈를 위해서 카페에서 다 같이 플래시몹 프로포즈를 3개월이나 준비하기도 했다. 다들 손님처럼 앉아 있다가 갑자기 한 명이 춤을 추자 다른 한 명이 같이 일어나 춤을 추었다. 나중에는 30명이 넘는 사람들이 춤을 추며 길을 만들어 프로포즈의 대미를 장식했다. 이 선생님이 결혼하고 딸을 키우는 모습을 보며 가장 기뻐한 이들은 바로 후배 선생님들이었다. 나의 인생에서 절대 불가능할 것이라고 생각했던 것들이 가능해지기 시작한 것이다.

많은 이들이 이 작지만 큰 변화에 무심한 삶을 살아오고 있다. 눈 앞에 보이는 것에만 매달려 있다 보니, 작은 변화가 가지고 오는 가능성에 대해서는 생각하지 않는다. 그러나 그 작은 변화에 긴 시간이 더해지면 큰 회복이 뒤따른다.

"어떤 문제에 매달리기 위해서는 우리는 모두 부족할 수 있단 생각이 가장 중요합니다. 그 겸손한 접근은 문제에 대한 새로운 관점을 열어줍니다. 그러면 문제가 더 이상 타인의 문제가 아니라 내가 공유하고 있는 문제가 되죠. 내가 그 문제 속으로 들어갔을 때 비로소 인내심을 가지고 길게 볼 수 있습니다. 그리고 길게 보면 반드시 변화가 보입니다."

만약 내가 임정택 대표가 막 처음 히즈빈스 카페를 시작하던 2008년이나 2009년 즈음 처음 그를 만났다면, 나는 과연 어떤 결론을 써내려 갔을까. 그가 10년 가까이 가장 작은 자를 돕기 위해 전력을 다하여 시스템을 바꾸고 변화를 이끌어 낸 이곳에서 나는 우리 사회를 더 나은 곳으로 만들어 가는 한 청년의 열정을 느꼈다. 그리고 그에게서 그늘진 세상에 변화를 불러 올 아주 따스하고 밝은 희망도 함께 만났다.

히즈빈스의
소셜 프로젝트

장애인 교육을 책임지는
'향기나눔지원센터'

히즈빈스는 사업을 시작할 때부터 장애인들의 직업 교육에 힘써 왔다. 2014년, 직원 수가 30여 명에 이르렀을 때 히즈빈스에서 일하는 선생님들뿐만 아니라 다른 회사나 기관 소속의 장애인도 교육할 수 있도록 향기나눔지원센터 법인을 설립했다.

향기나눔지원센터는 장애인을 대상으로 카페 직무를 익히고 실제 고객을 응대하는 것까지 훈련할 수 있는 전문 교육을 하고 있다. 바리스타 이론과 바리스타 실습, 비장애인과 장애인 모두를 대상으로 하는 취미 클래스, 자격증 클래스, 직업 체험 클래스 등 목적에 따라 교육 프로그램의 종류가 다양하며 장애인 자녀를 둔 부모를 대상으로 바리스타 창업 클래스도 운영하고 있다. 한 클래스에 여섯 명에서 아홉 명까지 소수 정예로 수업이 이루어진다.

2017년 7월까지 총 188명의 장애인을 대상으로 체계적인 직업 교육 프로그램을 진행해 온 향기나눔지원센터는 최근 직업 훈련을 위하여 VR 콘텐츠 개발사 텍톤스페이스와 함께 국내 최초 VR 바리스타 교육 솔루션을 개발하고 있으며, 시범 콘텐츠를 시험하는 단계에 있다. 또한 현재 발달장애인을 대상으로 한 전문 직업교육장 건립도 추진 중이다.

Q   히즈빈스의 교육 프로그램을 지원센터의 형태로 설립한 이유가 있나요?

히즈빈스 카페를 운영하면서 우리나라 상당수의 장애인이 일을 하고 싶어도 하지 못 하고 있다는 것을 알게 되었습니다. 일을 할 수 없으니 가장 기본적인 꿈도 꿀 수 없는 상황에 놓여 있었습니다. 그런데 이러한 상황은 철저하고 완성도 높은 교육을 통해서 직무를 익히고 직업에 적용하는 방식으로 개선될 수 있습니다. 교육이 제대로 이루어진다면 히즈빈스뿐만 아니라 저희와 연계된 다른 카페에서도 적응하여 일을 할 수 있기 때문에 전문 직업교육장을 만들고 교육 후에는 연계를 맺은 카페로 취업을 연결시키는 역할까지 하고 있습니다. 개별 카페들은 많은 시간을 들여서 전문적인 교육 프로그램을 진행하기 어렵습니다. 하지만 장애인 고용에는 철저한 교육이 중요합니다. 그렇지 않으면 서로에게 부담이 될 수 있기 때문에 전문 교육기관은 꼭 필요합니다. 히즈빈스의 선생님들이 아닌 다른 장애인들도 교육을 통해 더 많은 직업의 기회를 가질 수 있으면 좋겠습니다.

Q   VR 교육에 대한 설명을 부탁드립니다.

VR 콘텐츠는 '기술로 세상에 선한 영향력을 미친다'는 설립 이념을 가진 텍톤스페이스와 함께 개발하고 있습니다. 카페에서는 다양한 형태의 고객 대응 상황이 발생합니다. VR 콘텐츠를 개발해 교육하면 현장감을 가지고 반복 실습을 하며 직무를 익힐 수 있습니다. 대부분의 장애인들은 오랜 시간 교육을 받고 나서도 실전 환경에서 교육 현장과 다른 분위기와 상황에 당황하곤 합니다. VR은 360도 화면으로 콘텐츠를 제공하기 때문에 실제 상황과 유사한 환경을 재연할 수 있습니다. VR 교육을 교육 과정에 포함해 훈련하면 실전에서 겪을 여러 상황들에 대비하고, 교육할 수 있습니다. 직무를 배우고 적응하는 과정에서 보다 몰입도가 높은 기술이 활용되는 것이기 때문에 향후 효과가 기대됩니다. 현재는 콘텐츠를 테스트하는 단계라 아직 교육 프로그램에 적용하진 않았습니다. 하지만 현재 설립을 준비하고 있는 발달장애인 직업 교육장에 가상현실 교육장을 따로 만들어서 상황 대처 교육을 받을 수 있는 교육 프로그램을 기획하고 있습니다. 나아가 이 VR 직업 교육 시스템을 대한민국 기업들이 장애인을 고용할 때 필요한 교육 커리큘럼으로 제공하여 더 많은 기업이 장애인을 안정적으로 고용하는 일을 돕고 싶습니다.

임정택 - 고용형 사회혁신기업 히즈빈스

소셜벤처,
그 생태계의 성장을 기대하며

소셜벤처 기업가 여섯 명의 인터뷰는 이 책을 처음 시작할 때 기대
했던 것처럼 생생하고 역동적인 이야기들로 가득했다. 때로는 어렵
고 또 두려움 가득한 시기를 지나고 있기도 하지만 그들의 마음속
에는 여전히 미래로 향하는 강력한 소망과 도전이 자리 잡고 있기
때문일 것이다. 그렇게 지금 막 꽃피고 있는 젊은 소셜벤처 기업가
들의 일과 삶을 정리하다 보니 다른 질문이 생겼다. 한 명 한 명의
삶으로서 정리된 청년 기업가들의 이야기를 조금 떨어져 조망하고
좀 더 긴 기간 동안 단련해 온 노련한 선배들의 생각도 들어 보고
싶어졌다. 특히나 소셜벤처 기업가 각자가 집중하고 있는 구체적인
영역이 아니라 그들이 활동하고 있는 생태계 전반에 대한 이해와 조
언을 구하고 싶었다. 과연 우리 사회적 경제의 미래는 희망적인지,
이후 더 큰 진보를 위하여 필요한 것들은 무엇일지 묻고 싶었다.

　　앞서 무수한 소셜벤처 가운데 인터뷰할 여섯 명의 젊은 기업
가들을 섭외하는 데 고심했던 것처럼, 두 명의 선배를 찾는 일도 쉽
지 않았다. 각자의 이유와 동기로 사회적 경제 영역에서 오랫동안

청년들을 지켜보고 함께 호흡해 온 분들이어야 했고, 생태계의 관점에서 과거와 현재를 설명하고 미래에 대한 지혜를 구할 수 있는 전문성도 필요했다. 긴 회의와 여러 번의 논의 끝에 김재구 교수와 이덕준 대표께 부탁을 드렸다. 두 분 모두 나를 포함한 이 영역의 청년들에게 좋은 선배이며 사회적 기업 생태계의 성장을 이끌어 온 탁월한 전문가이기도 하다.

대학에서 경영학을 가르치는 김재구 교수는 이 분야에 관심을 기울이는 많은 청년들에게 큰 영향을 미쳤고 또 지금도 다양한 활동을 하며 역량을 발휘하고 있다. 다년간 한국사회적기업진흥원의 원장을 지내기도 했다. 우리나라 사회적 경제 생태계에서 정부의 역할을 빼놓을 수 없는 만큼, 그 정책의 수장을 지냈던 김재구 교수의 생각이 궁금했다. 다른 많은 경영학 교수들이 사회적 기업에 관심이 없던 시절에 그는 어떻게 이 영역에 들어오게 되었을까? 이 생태계의 발전에 대해서는 어떻게 평가할까? 또 사회적 경제의 미래를 어떻게 내다보고 있을까? 해외출장과 바쁜 일정에도 불구하고 흔쾌히 시간을 내어 준 김재구 교수는 이 같은 여러 질문에 자세하고 친절하게 고견을 나눠 주었다.

또 다른 선배로는 임팩트 투자 회사 디쓰리쥬빌리(D3Jubilee)를 운영하고 있는 이덕준 대표를 만났다. 임팩트 투자자로 활동하기 전에 그는 이커머스 플랫폼인 G마켓의 최고재무책임자(CFO)로 일하며 해당 기업이 나스닥에 상장되고 이베이(eBay)에 합병되는 데 큰 역할을 담당했다. 이후 회사를 나와 전 세계 수십 개의 벤처에 투자를 해 왔다. 성공적인 벤처 경험을 가졌고, 금융 분야에서 활동한 전문가로서 사회적 경제라는 영역을 어떻게 해석하고 무엇을 기대할까 궁금했다. 과연 이 영역에 들어오게 된 계기가 무엇인지도 질문하고 싶었다. 특히 이 분야의 세계적인 흐름과 안목은 이덕준 대표께 가장 크게 얻고자 했던 지혜이다. 인터뷰 요청 당시 이덕준 대표는 샌프란시스코 지역에서 거주하고 있던 상황임에도 바쁜 시간을 내어 주었다.

대한민국의 소셜벤처, 어디까지 왔는가?
전(前) 한국사회적기업진흥원장
김재구 교수에게 듣다

Q : 언제 사회적 기업, 소셜벤처에 관심을 가지기 시작했나?

A : 2005년에 처음 개념을 접하고 관심을 두기 시작했다. 본격적으로 일을 시작한 것은 2010년 9월부터다. 처음 했던 일은 사회적기업 정책 추진을 적극 제안한 것이다. 동반성장과 서민을 위한 정책 구현의 일환이었다. 한국노동연구원이나 보건사회연구원 등 국책연구소들은 관련 분야의 정책에 대한 축적된 지식과 자산이 있어, 이를 활용할 수 있도록 자문하였다. 이후 보건사회연구원의 연구에 참여하는 등 사회적기업 정책 현황을 진단하고 개선 방향을 연구하여 정책을 제안했다. 사회적기업 정책에 제안한 내용의 핵심은 민간이 직접 주도해야 한다는 것, 각 지역의 어려움을 해결하기 위한 지역 밀착형 기업이 필요하다는 것, 그리고 탄탄한 비즈니스 모델로 수익을 창출하여 지속 가능성을 확보할 것 등이었다.

2011년에도 정부의 사회적기업 TF팀에서 위원으로 일하며 정책 제안과 자문을 했다. 당시 이슈는 정부의 재정지원 일자리사업을 사회적기업과 연계하여 지속 가능한 일자리 창출과 비즈니스 발전을 도모하는 것이었다. 국가에서 재정지원 일자리사업 예산으로 한 해 12조 가량 책정하고 다양한 비용을 다 합치면 25조 원 정도에 이른다. 일자리 하나를 만드는 데 5천만 원 정도가 투입된다. 사회적기업과 재정지원 일자리사업을 연계하면 일자리 창출은 물론이고 사회적기업이 활성화되며 여러 사회 문제도 해결할 수 있다. 그러려면 민관 협치가 중요하다. 당시 많은 정부 부처들이 함께 모여서 가능성을 검토하고 정책을 제안하며 방안을 논의하였다.

Q : 2012년부터 2015년까지, 한국사회적기업진흥원장으로 일했다. 한국의 사회적 기업은 그동안 어떻게 발전해 왔는가?

A : 내가 진흥원장으로 일하기 시작했을 무렵인 2012년 즈음은 한국에서 사회적기업이 도입기를 지나 성장기로 넘어가는 전환점에 서 있는 시점이었다. 사회적기업 인증제도가 2007년에 시행됐고 인증을 받은 사회적기업들은 이미 창업 초기를 지난 상태였다. 2013년에 사회적기업으로 인증 받은 곳이 1000개 정도 있었고, 지금은 1700개 가량에 달한다. 인증 받은 사회적기업뿐만 아니라 소셜벤처 전체를 봤을 때, 산업이나 정책이 도입 초기는 지났다고 볼 수 있다.

2012년 즈음 사회적기업에 대한 일반인의 인지도는 50퍼센트 정도였다. 2014년과 2015년에는 또 다른 변화가 있었다. 신생 사회적기업이 생기는 숫자 자체도 크게 늘었지만, 정부가 인증 제도를 통해 지원하는 사회적기업뿐만 아니라, 소셜벤처와 같이 인증을 받지 않는 사회적 기업들도 많이 나타나기 시작했다. 개인의 의지와 역량으로 시작했던 소셜벤처들이 점차 사회 현상으로 자리 잡는 양상이 2014년에 확연히 드러났다. 그러다가 2015년 처음으로 성수동 소셜벤처 클러스터에 대한 언론 기사가 나왔다. 대중에게 사회적 기업이 확연하게 다가가는 계기였다.

Q : 대학에도 사회적기업 교육 과정이 많이 생겨났다.

A : 2011년에 영국의 옥스퍼드 대학을 방문하면서 국내에도 사회적기업 과정을 만들어야겠다고 생각했다. 진흥원장이 된 지 얼마 되지 않았을 때, 미국 유학생 단체가 주최한 컨퍼런스에 참석한 적이 있다. 학생들이 하는 행사라 크게 기대하지 않았는데, 400여명의 학생들이 참여한 상당한 규모였다. 학생들의 관심에 깜짝 놀랐다. 여러 개의 세션으로 나누어 컨퍼런스를 진행했는데 사회적기업 과정을 대학에 도입하는 것에 관심을 가지고 있었기에 아주 인상 깊게 보았다. 더욱 놀라웠던 것은 인증을 받지 않은 소셜벤처 그리고 청년 사회적 기업가들이 생각했던 수보다 훨씬 많았다는 점이다. 정부의 지원에 의존하고 싶지 않아서 인증을 받지 않는 독립심이 청년들에게 있었다. 모두가 그랬던 건 아니지만, 그런 기백은 특히 청년 사이에서 넘쳐나고 있었다.

국내에서는 카이스트 등의 대학에서 먼저 사회적기업 양성 과정이 생겨나기 시작했다. 2013년부터는 성균관대, 중앙대, 부산대가 참여하여 사회적기업 리더 과정이라는 이름으로 대학 교육으로 정착하기 시작했다. 한양대, 서강대, 그리고 서울대도 2014년 즈음부터 참여했다. 대학은 교육을 할 수 있는 중요한 혁신 기지이기 때문에, 생태계가 성장하는 좋은 발판이 되었다.

Q : 앞서 언급한 민간 주도의 소셜벤처는 무엇인가?

A : 사실 국내에서 사회적 기업은 정부가 세운 정책을 바탕으로 주도한 것이 아니라 현장에서 직접 사회적 기업을 시작한 이들의 경험을 밑거름으로 발전해 왔다. 한국에서 처음 사회적 기업이 주목 받은 것은 외환위기 이후 임시 일자리로는 해결하기 어려웠던 가난한 사람들의 고용 문제에서 비롯했다. 경제 위기로 어려움이 가중되고 있는 상황에서 일자리 창출이 시급했다. 지역활동가, 종교 활동가, 협동조합 등에 종사하던 많은 사람이 빈민운동을 하다가 외국을 보니 이런 사회 문제를 해결하는 방안으로 안정적으로 수익을 창출하여 지속 가능성을 담보한 사회적 기업을 시도하고 있음을 알게 됐다. 국내에서는 국가 차원이 아니라 사회 문제를 대면하고 있는 시민들이 먼저 사회적 기업에 관심을 보이고 도입했다. 그 시기가 2000년쯤일 것이다.

2003년 즈음부터는 사회 문제를 고민하는 활동가 사이에서 이미 사회적 기업에 대한 관심과 연구가 상당히 진행됐다. 대중에 많이 알려지진 않았지만, 정부도 곧 인지했다. 정부에서는 사회적 기업에 대해 2004년-2005년부터 논의를 하다가 2007년에 처음으로 사회적기업육성법을 입법화했다. 첫출발은 그랬다. 입법화하고 인증제도를 도입하고 나니, 관이 주도해 나가는 경향이 상당히 강해졌다. 하지만 점차 정부가 아닌 민간이 주도해야 한다는 것을 관에서도 깨달았을 것이다. 아직까지는 실제 민간 협치에 충분히 미치지 못했지만, 이러한 논의가 계속 이뤄지고 있다고 본다. 사회적 기업의 도입도 그러하였고, 향후의 발전 과정 역시 당연히 민간이 주도해야 하고, 관은 돕는 역할만 해야 한다. 그래야만 청년 소셜벤처가 자생하고, 선배 사회적기업가도 청년들의 참여를 이끄는 하나의 생태계가 꾸려질 것이다.

Q : 국내 소셜벤처의 개선점이 있다면 무엇인가?

A : 외국의 경우 지역 특화 사회적 기업이 많은데, 우리나라는 중앙집권 경향이 강하다 보니 지역 밀착형 사회적 기업이 적은 편이다. 정부가 주도하고 지역 단체가 적다는 점 때문에 정부에 의존하는 사회적기업이 많아졌다. 사회적 기업 문화가 앞선 영국 같은 나라를 보면 지역의 문제를 다루는 기업이 많다. 지역 사회에 이해관계가 있는 이들이 참여해야 그 지역의 실제 사회 문제를 다룰 수 있다. 또 그래야 더 단단하게 성장할 수 있다. 지역 사회에 뿌리를 두지 않으면 기반이 약할 수밖에 없다. 기동성은 강하지만 정착점이 없기 때문이다.

국내 소셜벤처들은 청년 주도가 많아 자본이 부족하다. 자주 사무실을 옮기고 뿌리를 내리기 어려운 환경이다. 대기업이 협력하여 설립한 소셜벤처도 꽤 있다. 물론 긍정적인 면도 있지만, 아쉬움도 크다. 지역의 특성을 살린 각양 각색의 사회적 기업을 충분히 세울 수 있음에도 불구하고 대부분 보편적이고 획일적인 방법에서 벗어나지 못하고 있다. 국내에는 보다 많은 지역 밀착형 사회적 기업이 필요하다. 마지막으로 강조하고 싶은 것은 지속 가능성이다. 초기에는 사회적 기업의 절반 이상을 사회복지 단체 출신의 대표가 세웠기 때문에 경영에 대한 전문성을 가진 사회적 기업가가 거의 없었다. 그러나 수익을 계속 창출해 낼 수 있는 비즈니스 모델을 만들어야 지속 가능성을 가질 수 있다.

Q : 국내 사회적 기업의 발전에 가장 필요한 것은 무엇인가?

A : 자립, 자조의 정신과 기업가 정신이라고 본다. 최근 청년들이 사회적 기업을 접하는 경로는 기존과 다르다. 직접 지역 주민이나 빈민의 삶 속으로 들어간 비영리단체에 기초를 둔 사회적 기업들이 2000년대 초부터 시작되었다면, 지금의 청년들은 주로 대학이나 해외에서 사회적 기업의 개념을 접한다. 청년 창업가들이 늘어나면서 인증을 받은 사회적기업도 많지만 정부의 지원을 받지 않는 소셜벤처의 수도 증가하고 있다. 사회적 기업 생태계가 다양성을 형성하는 것은 상당히 바람직하다고 생각한다. 다양성은 생태계에서 가장 중요한 부분이다. 관에서 인증 받은 사회적기업만 있다면 좋은 모습은 아니었을 것이다.

그러나 우리 사회에는 아직 두 세대간의 소통과 교류가 드물다. 나는 감사하게도 두 세대 모두를 자주 만날 수 있었다. 인증을 받은 사회적기업의 주요 경영진은 1960년대생이 많다. 이 세대는 출발 자체가 비영리단체나 지역의 활동가들이 많았다. 처음부터 어려운 사람들과 함께 시작해 온 이들이다. 소셜벤처에는 청년들이 많다. 공유하는 경험이나 문제의식이 아무래도 전 세대와는 많이 다르다. 어떠한 문제의식을 갖느냐에 따라 해결 방법도 크게 차이가 난다. 각각의 세대가 지닌 특성이 아주 다르다. 자립을 강조했던 앞 세대와 기업가 정신을 강조하는 새로운 세대 간의 소통이 필요하다.

소셜벤처를 하는 이들 중에 고용형 사회적 기업이라면 인증제도를 활용하는 것이 좋다. 3년간의 한시적인 지원이지만 활용할 때 얻을 수 있는 기회가 많다. 하지만 실제 소셜벤처 중에 취약계층을 고용하는 수는 적다. 그렇기에 굳이 인증을 받을 필요를 못 느끼는 소셜벤처가 더 많은 것도 사실이라고 본다. 소셜벤처를 하는 청년들의 진정성은 크지만, 문제 인식과 방법론에서 세대 간의 거리감이 존재한다. 때문에 청년들이 가난하고 어려운 사람들의 실제 사정을 알고 함께 할 수 있는 기업을 일구어 낼 만한 의지와 투지가 있는지 궁금하다고 이야기하는 사람들도 있다. 정말로 쉽지 않은 일이기 때문이다. 앞 세대의 사회적기업가들과 청년이 주도하는 소셜벤처 기업가들은 출발과 생각이 다르기 때문에 서로 일하고 움직이는 부분이 다르지만, 다름과 다양성을 인정하면서 이해하고 교류하는 것이 필요하다. 사회적 기업가 정신을 공유하고 나아가 혁신을 통해 지속 성장을 도모하는 협력관계로 나아가길 기대한다.

Q : 사회적 기업가에게 가장 중요한 것은 무엇일까?

A : 한국은 창업을 고려하는 이들이 5퍼센트 미만이다. 대학에서 학생들과 이야기할 때면, 청년들에게 어떻게 동기를 부여해야 할지가 고민이다. 학생들과도 항상 그 문제로 고군분투한다. 미국의 창업 특화 대학인 뱁슨 칼리지에서 배운 것이 참으로 재미있었다. 창업 교육을 하는 사람들은 처음에는 창업자들만의 독특한 특성이 있을 것이라고 생각해서 이를 중심으로 접근했다. 그러다가 점차 창업 프로세스를 가르치는 것으로 변경되었다. 개인 특성만으로는 창업 성공 여부를 조사했을 때 일관된 연구 결과를 얻을 수 없었기 때문이다. 시장 조사를 하고 어떻게 아이템을 만들고 시제품을 만들까가 창업의 주요 고민이다. 그러나 지금같이 변화의 불확실성이 큰 시장 환경에서 창업 기업이 정해진 프로세스를 밟는 것은 어렵다. 따라서, 창업 교육자들은 결국 성공적인 창업가를 교육하기 위해서는 프로세스가 아니라 그 사람의 생각과 사고방식, 행동을 가르치는 것이 중요하다는 것을 깨달았다.

뱁슨 칼리지에서는 ET&A(Entrepreneurial Thought and Action)라는 창업 교육을 하고 있다. 기업가의 사고방식이 바뀌면 어떠한 방식으로 행동해야 하는지를 바꿀 수 있다. 그리고 이 사고방식의 변화는 교육으로 이루어 낼 수 있다. 사회적 기업가에게 중요한 것은 자신이 원하는 사회적 가치를 일구기 위해서 지금 당장 스스로 가지고 있는 자원이 무엇인지 살펴보고 바로 행동으로 옮기는 것이 가장 중요하며, 감당할 수 있는 리스크를 계산할 줄 알아야 한다. 또 사업을 확대해 나가기 위해서 내가 합류시킬 수 있는 사람들과 네트워크를 엮어 가는 것이 필요하다. 또한 시행착오를 겪더라도 바로 행동으로 옮겨 새로운 것을 배우고, 이에 기반하여 새로운 비즈니스 모델을 만들어 나가야 한다.

Q : 우리 사회에서 사회적 기업가는 어떤 의미를 지닌다고 생각하는가?

A : 한국은 지금까지 교육시스템과 사회시스템이 단기 업적주의로 흘러왔기 때문에 장기적인 시각을 가지고 실행을 하거나 탐색하는 일에 억눌려 있다. 학생들조차 무언가 시도해 보려고 하지 않는다. 좋은 기업을 다니다가 6개월만에 그만두는 이유도 마찬가지다. 너무 많은 이들이 아무것도 할 수 없게 막고 억누르는 데에 지쳐 있다. 이미 한국 대기업에도 관료주의가 만연해졌다. 우리나라에서 창업이 어려운 가장 큰 이유는 모두가 위험을 회피하려는 쪽으로만 변화했기 때문이다. 사지선다형 인간으로 자란 교육 환경의 영향이 크다. 그래서 더욱 지금 소셜벤처에 도전하는 이들 하나하나가 너무나 소중하다. 이들은 한국 사회의 고착화된 경로를 이탈하여 도전에 나섰다. 그들이 사회를 바꾸는 중요한 기반이 될 것이다. 한국 사회의 변화를 볼 수 있는 유일한 희망이 이 깨어 있는 사회적 경제 분야에 있다.

Q : 마지막으로 소셜벤처 기업가에게 한마디 남긴다면?

A : 소셜벤처 기업가에게 가장 중요한 것은 행동지향(action-oriented)적인 태도다. 무언가 '바로' 시작하는 것이 중요하다. 또 한 가지 중요한 것은 공감 능력이다. 사회 문제에 공감하고 그것을 자신의 문제로 느끼는 것이 첫 출발이다. 그 다음으로는 지혜롭게 방법을 이끌어 낼 줄 알아야 한다. '소셜벤처 기업가에게 성공의 기준은 무엇이라고 생각하냐'는 질문을 많이 받곤 한다. 지향하는 목표도 중요하지만 어떻게 가는가도 중요하다. 물론 목표가 뚜렷하다면 과정도 더 잘 선택할 수 있다. 수익을 내는 것과 소셜 미션을 추구하는 것이 복잡하게 얽히긴 하지만, 타협이 아니라 융합할 수 있도록 노력해야 한다. 그러기 위해선 지혜가 필요하다. 비즈니스 모델도 세워야 하고 훈련도 받아야 한다. 지속 가능한 수익을 창출함에 있어 타협하지 않고 원칙을 지키기 위해서는 탄탄한 훈련이 필요하다. 모든 것에 우선 도전하고 경험해 보겠다는 자세가 필요하다.

경영을 하다 보면 항상 소진될 수밖에 없다. 마르지 않는 생명력이 필요한데, 나는 그게 사람이라고 본다. 서로 격려해야 한다. 일반 기업에서도 사장들은 늘 소진된 삶을 산다. 이를 회복할 수 있는 방법이 없다면 한계가 생긴다. 젊은 세대라고 해도 예외가 아니다. 스스로를 채울 수 있는 방법과 서로를 도울 수 있는 관계를 형성하면 문제를 직간접적으로 해결할 수도, 또는 심적으로 의지할 수도 있다. 너무 신중하면 행동으로 연결되기가 어렵다. 정말 좋은 생각을 하지만 완벽한 문법의 문장이 아니라서 입을 꾹 다물고 있는 한

"소셜벤처 기업가에게 가장 중요한 것은
행동지향적인 태도, 그리고 사회 문제에 대한
공감 능력이다."

김재구 교수

서울대학교 경영학과 학사, 동대학원 경영학 박사를 취득하였다. 현재 명지대학교 경영대학
교수로 학생들에게 혁신적 기업가 정신과 사회적 기업에 대한 교육을 꾸준히 진행하고
있으며 2012년부터 2015년까지 한국사회적기업진흥원 원장을 역임, 사회적 기업에 많은
접점을 가지고 활동해 왔다. 2016년에는 한국기업경영학회 회장으로 취임하였다.

국 사람들을 해외에서 쉽게 볼 수 있다. 단순히 영어 이야기가 아니다. 무조건 시도를 해 봐야 한다. 성공 못지않게 실패하는 것도 경험과 경륜이 된다. 지금까지 한국 사회는 그와는 정반대로 해 왔다. 초등학교 교육부터 대학 교육까지 교육기관이나 가정에서부터 전반적인 변화가 필요하다.

기업은 어떻게 사회 문제를 해결하는가?
글로벌 기반 임팩트 투자사 디쓰리쥬빌리 이덕준 대표에게 듣다

Q : 어떻게 소셜벤처 투자자의 길을 걷기 시작했나?

A : 처음 소셜벤처 투자를 시작한 것은 2009년 G마켓이 이베이와 인수합병되고, 45세에 회사를 나온 이후였다. G마켓에서 일하기 전에는 투자은행에서 일을 했다. 대기업들만 지켜보는 일을 꾸준히 하다가, 성장 단계를 거치는 G마켓이라는 기업에서 비교적 초기에 일을 하면서 성장기업에 대한 소중한 경험을 했다. G마켓 시스템 중에 후원 쇼핑이 있었다. 여기에서 비즈니스가 가지고 있는 힘을 많이 느꼈다. 판매자와 구매자를 연결해 구매 금액에 따라 후원금이 쌓이는 시스템이었는데, 한 달에 2-3억씩 쌓여 100억 원 정도의 자금으로 사회 단체를 후원했다. 일반적인 비즈니스 플랫폼을 벗어나지 않은 선에서 할 수 있는 기부이자, 사회를 위한 활동이었다. '비즈니스가 이런 일도 할 수 있구나' 하는 생각이 들었다.

우리는 세상이 너무 격렬하고 바쁘다고 생각한다. 돈 버는 것 말고 다른 것에 집중하기엔 여유가 없다고 생각하는 것 같다. 하지만 돈은 결국 결과로 나타나는 것일 뿐 본질이 아니다. 본질에 충실할 수 있는 일들을 생각하다 보니 사회에서 좋은 기업의 역할을 할 수 있다는 것을 알게 되었다. 비즈니스는 마켓을 확장해 나가는 힘이 있고, 그 힘으로 비즈니스가 맞닿고 있는 사회에 영향을 줄 수 있다.

비즈니스는 기존의 방식과는 다른 새로운 방식으로 더 나은 제품이나 서비스를 제공하며 성장해 나간다. 결국 고객에게 더 큰 가치를 제공하는 기업이 성장할 수 있다. 이때, 기업이 어떤 철학을 가지고 경영을 하느냐에 따라서 사회에서 의미 있는 존재가 되거나 사회의 생산적인 존재가 될 수 있다. 또는 이익은 창출할지언정 사회 맥락에서는 도움이 되지 않는 존재가 될 수도 있다. 이렇게 기업이 사회 안에서 어떻게 존재할 것인가 하는 것은 결국 비즈니스를 이끌어 나가는 리더의 경영 철학에 달려있다. 이러한 사회적 존재로서의 기업에 대한 인식이 훗날 임팩트 투자자의 길로 이어졌다.

Q : 개인적으로 어떤 사회 문제에 관심을 가지고 있었나?

A : 나는 1980년대에 대학을 다닌 사람이다. 학생운동에 참여하진 않았지만, 어떻게 살아가야 하는지에 대한 고민을 많이 하는 사회에서 20대를 보냈다. 친구들과 모여서 다양한 문제의식들에 대해서 이야기를 했다. 그중, 왜 사회가 이렇게 나뉘어져 있는가를 끊임없이 고민했다. 그 당시 한국은 산업화로 도시가 빠르게 발달했다. 그 도심의 가운데 달동네와 판자촌이 있었다. 베이비부머의 마지막 세대인 나는 부모님 세대에서 농촌에 있는 사람들이 끊임없

이 도시로 몰려오는 산업화 과정이 마무리되는 과정을 지켜보면서 20대를 보냈다. 그땐 서울대를 나오면 무조건 취직이 됐다. 금방 편안한 삶을 영위할 수 있었다. 하지만, 그렇게 편히 지내다 보면 금방 문제의식이 사라질 것 같았다. 문제의식을 유지하며 살고자 친구들과 함께 달동네에 모여 살기로 했다. 주말엔 동네에 도움이 필요한 분들을 도와주기도 하고, 벽지를 바르거나 장마를 대비하여 축대를 쌓거나 아이들 방과 후 공부방을 하면서 3년간 함께 지냈다.

시간이 흐르고, 각자에게 다양한 상황들이 생기자, 모임은 해산됐고 나도 금융 분야로 취업을 했다. 신용평가 회사에서 일을 하다가 영국에서 석사 학위를 따고, 미국계 투자은행에서 일했다. 달동네에 살았던 3년의 시간 이후, 약 20년간 일반적인 커리어를 쌓았다. 일반 금융 시스템도 보았고 수많은 대기업들을 대면했다. 벤처기업의 최고재무책임자(CFO)로 일하면서 독특한 경험도 쌓았다. 하지만 마음 한 켠에 젊은 날 고민했었던 나의 정체성, 나라는 존재에 대한 생각들이 남아 있었다. 지난 20년간의 삶이 우리 사회의 좋은 일원으로서, 시민으로서 내 존재에 충족되는지 생각을 많이 했다. 그러다 G마켓을 나오며 스타트업 기업가에 대한 투자를 시작했다. 그러면서 자본주의의 구조와 금융 시스템이 가지고 있는 한계를 새로운 비즈니스에 대한 투자, 소셜벤처 투자에 대한 생각이 깊어졌다.

Q : 많은 이들이 사회적 기업뿐만 아니라, 모든 기업의

비즈니스가 사회적 가치를 고려해야 한다고 주장한다. 이에
대해서는 어떻게 생각하는가?

A : 피터 드러커는 비즈니스의 본질을 새로운 고객 가치의 창
출이라고 하였다. 이때, 가치 창출이라는 점을 잘 고민해 보아야 한
다. 많은 사람들이 기업의 가치를 기업이 내는 수익에 집중하고 있
다. 소셜벤처 투자를 할 때도, 수익이 잘 나지 않는다는 점을 우려
한다. 하지만 기업의 가치는 단순히 재무 결과로만 치환된다고 간
단하게 표현할 수 없다. 매출이나 주가는 기업의 재무적인 결과일
뿐이다. 그 회사가 어떤 회사이고, 그 회사의 본질적 가치가 무엇인
지를 고민하면서 비즈니스의 가치를 따라가다 보면 소셜벤처가 아
니라도 비즈니스가 사회 안에서 가지는 존재 가치를 찾게 된다. 그
렇다면 사회 문제를 직접적으로 해결하지 않더라도, 사회 안에서
문제를 일으키지 않고 고객들에게 높은 가치를 제공해주는 역할을
하게 되는 것이다.

가령 패션을 다루는 기업일 경우에, 단순히 매출을 얼마나 올
릴 것인가에 국한하여 생각하는 것이 아니라 공급 사슬(Supply Chain :
어떤 제품을 판매할 때 발생하는 자재 조달, 생산, 유통, 판매라는 흐름)을 고려하여야 한
다. 이 재료가 어디에서 오고, 어디에서 생산되는지, 그것이 지속적
인 방식으로 생산되는 것인지 또는 대량생산에 맞추어 파괴적인
방식으로 만들어지는 것인지 고민하다 보면, 기업의 가치가 수익을
창출하는 것뿐만 아니라 지속성 등 패션 시장의 공급 사슬을 모두
고려해 최적화한 비즈니스를 운영할 수 있다.

K.O.A라고 한국에서 캐시미어 사업을 하는 벤처가 있다. 이 벤처 기업은 몽골의 생산자에게 지속 가능한 생산 방식으로 캐시미어를 공급 받는다. 기존의 캐시미어 기업들 중 많은 수가 중국 등에서 목초지를 파괴하는 방식에도 불구하고 캐시미어를 수입해 왔다. 물량을 확대하거나 수익을 극대화하기 위해서는 공장식으로 제품을 찍어 내는 게 더 이익일 수 있다. 더 간편하고 빨라 보인다. 하지만 굳이 왜 몽골에 가서 지속 가능한 방식으로 생산되는 캐시미어를 수입하는가? 생산자와 협력하는 것이 기업에게 왜 중요한가? 그 거래 자체가 환경과 비즈니스 관계에서 할 수 있는 기업의 역할이다. 하지만 많은 기업들이 선택을 할 때 이러한 관계들을 인식하고 있지 않다. 의도적으로 인식을 하고, 당연히 고민해야 할 부분들을 놓치다 보니 기업이 사회 문제를 해결하는 것, 사회와 협력하는 것이 이제는 낯설어졌다.

물론 비즈니스는 소셜 미션을 해결해야만 하는 비영리단체와는 다르다. 그리고 그 협력 자체가 사회의 문제를 해결하는 직접적인 역할을 하진 않는다. 소셜벤처와 일반 기업의 사회 문제에 대한 입장 차이를 생각하기 전에 먼저, '왜 사회 문제를 해결하기 위해서 비즈니스라는 방법론을 선택하는가'라는 질문을 해 보아야 한다.

모든 기업이 사회 문제를 해결하는 것은 아니다. 하지만 비즈니스의 본질 자체가 가치를 추구하다 보면 사회적인 의미와 미션을 가지게 된다. 이를 고려하며 해결하다 보면 사회 문제를 해결할 수 있다. 많은 기업들이 기업의 본질적인 가치에 대해 생각하기보단, 재무 성과에 집중하다 보니 그러한 부분들을 놓치는 것이다. 기업의 성장과 기술의 발전이 사회가 안고 있는 문제를 해결해 나가기는커녕, 문제를 발생시킨다. 앞서 말한 것과 같이 비즈니스가 가지고 있는 힘은 아주 크기 때문에 특별한 소셜 미션을 가지고 있지 않더라도 기업에 주어진 역할에는 사회의 많은 문제를 해결해 나가는 것도 포함되어 있다. 하지만, 이보다 조금 더 적극적으로 사회 문제를 해결해 나가는 것이 문제 해결형(Mission driven) 소셜벤처다.

Q : 임팩트 투자의 영역으로 들어온 계기는 무엇인가?

A : G마켓을 나왔을 때가 인생의 반을 넘기고 사회 생활을 한 지 20여 년쯤 되었을 때다. IMF 시절을 겪으며 자본주의라는 시스템을 고민하기 시작했고, 금융 투자 시스템이 가지고 있는 요소들이 우리의 삶에 도움이 되는지 생각해 보는 시간을 가졌다. 금융이 발전하고 투자가 발전하면서 금융산업이 커지는데, 우리가 가지고 있는 문제들과는 동떨어져 있지 않나. 이 둘을 조금 더 연결시킬 수 있는 방법이 없나 하는 생각을 했다. 그러면서 해외의 임팩트 투자에 관심을 가지고 있는 사람들을 많이 만났다. 금융 비즈니스 시스템에 관심을 가지고 단기적인 재무성과 중심의 시스템에 회의감을 가진 사람들을 만나면서 사회 고민을 지속적으로 해온 사람들이 많다는 것을 알게 되었다. 시스템의 변화가 필요하다는 것이 많은 이들이 가지고 있는 동일한 의견이었다. 소셜벤처에 투자하게 된 것은 그때부터다. 해외의 커뮤니티들과 연결이 되다 보니 국내의 소

셜벤처보다는 남미나 미국의 벤처들에 임팩트 투자를 하였다. 지금은 글로벌 기업 37개에 투자하고 있으며, 그중 15개 정도가 국내 기업이다. 미국, 남미, 아프리카, 인도 등에 소셜벤처들이 분산되어 있고, 우리 기업의 자산뿐만 아니라 회사 주주들의 자본, 그리고 엔젤 투자자들의 참여로 운영되고 있다.

Q : 특별히 기억나는 문제 해결형 소셜벤처가 있다면?

A : 디쓰리쥬빌리가 투자했던 에누마(Enuma)라는 기업이 있다. 엔씨소프트에서 일했던 이수인 대표가 운영하는 곳으로, 교육 관련 앱을 만들고 있다. 2016년 애플 앱스토어 교육 부분에서 1위를 차지한 '토도 수학(Todo Math)'이 에누마의 제품이다. 이수인 대표는 엔씨소프트에서 리니지 게임을 디자인했고, 남편 이건호 씨는 실력 있는 유명 개발자다. 남편이 버클리대에서 박사과정으로 공부를 하고 있을 때, 이수인 대표는 자폐아나 장애를 가진 아이들도 몰입감을 가지고 자신의 형편에 맞는 학습이 가능한 앱을 개발했다.

미국은 우리나라보다 특수교육이 더 발달되어 있다. 최근에는 아이패드 등의 새로운 기기로 교육 분야에서 혁신이 일어나고 있기도 하다. 하지만 일반 아이들을 위한 교육 분야의 혁신에 비해 특수 분야는 여전히 흑백으로 된 무거운 툴을, 열 배나 더 비싼 가격으로 사용하고 있었다. 잘 살고 여유가 있는 사람들에게는 혁신이 빠르게 일어나고 있었지만, 그렇지 않은 분야는 혁신에서 소외되어 있다는 걸 것을 알게 되었다. 그래서 게임이 참여도와 몰입도가

Epilogue - 선배에게 듣다

높다는 점을 이용해서 3세에서 9세의 아이들이 수학이나 영어 단어를 보다 쉽게 학습할 수 있는 제품을 만들었다. 제품은 성공적이었고 이제는 비장애인 아이들도 이 앱을 많이 쓴다. 특수 교육 분야에서 1위를 차지했고, 대표 제품 '토도 수학'은 현재까지 약 500만 다운로드를 기록했다. 또 다른 제품 '킷킷학교'는 학교가 없는 곳에서도 아이들이 태블릿으로 기초적인 읽기와 쓰기, 셈을 배울 수 있는 종합 학습 솔루션으로, 아프리카 아이들의 교육을 위해 개발하고 있다. 이수인 대표는 2017년에 아쇼카 펠로우(Ashoka Fellow: 아쇼카 재단에서 선정하는 사회적 기업가)로 선발되었다.

이수인 대표가 특수교육에서 미션을 발견한 것은, 처음부터 사회를 돕겠다는 생각으로 시작한 것은 아니다. 삶 속에서 어떤 계기로 인해 문제를 인식했고, 미션을 발견해 낸 경우이다. 그리고 그 문제를 해소할 제품을 만들어야겠다고 생각하고 도전했다. 수많은 사람들이 지속적으로 사회 문제를 대면하고 살지만, 이를 해결해야겠다는 생각을 하지 못하거나, 혁신적인 방법을 찾아내지 못한다. 사회 문제는 수천 년 동안 지속되어 왔고, 그만큼 해결하기 쉬운 문제가 아니기 때문이다. 일단 방법을 발견하고 나서도 문제가 바로 해결되지 않는다. 방법이 제품이나 서비스로 나오고, 시장을 확보할 수 있을 만큼의 경쟁력을 갖추어야 한다. 이수인 대표는 제품을 개발하고, 교육 환경에 계속 노출하면서 빠르게 문제의식을 넓혀갔다. 왜 우리는 표준화된 교육을 하는 것인가? 서로 다른 환경 속에 살아가는 각기 다른 아이들에게 표준화된 교육 시스템을 적용한다는 현시대의 교육이 가지고 있는 문제점을 보게 되었다. 이수인 대표가 처음 게임을 만들 때부터 사회 문제를 해결하겠다는 사명감을 가진 것이 아니라, 일반 비즈니스 경험(이 경우에는 게임)과 제품을 만드는 기술이 만나 더 큰 사명으로 이어졌다는 점이 주목할 만하다.

이와 비교하여, 트리플래닛 김형수 대표처럼 대학생 때부터 사회 문제에 먼저 의식을 갖고 이를 바탕으로 소셜벤처를 시작하는 이들도 적지 않다. 김형수 대표는 군대를 제대하고 나서 숲이 빠른 속도로 파괴되고 있고, 이를 해결하기 위한 해결책이 필요하다는 문제의식으로 벤처를 시작했다. 개인이나 그룹이 크라우드 펀딩으로 나무를 심고 숲을 만들 수 있는 사업으로 현재 지자체나 특히 아이돌 팬클럽에서 각광받는 소셜벤처다. 이처럼, 소셜벤처를 시작하는 계기와 단계는 다양하다.

Q : 소셜벤처 기업가들의 특성이 있다면?

A : 소셜벤처에 투자하고, 그들이 많은 굴곡과 상황들을 이겨내고 끊임없이 앞으로 나아가는 모습들을 지켜보면서, 아무나 할 수 있는 건 아니란 생각을 많이 한다. 이노마드(Enomad)라는 스타트업을 이끄는 박혜린 대표는 부산의 조력발전소에서 일을 하다가, 인도 여행을 하면서 사회 문제를 발견했다. 인도의 외진 곳은 전기가 없어서 많은 고생을 하는데, 조력발전소에서 바닷물을 활용하여 전기를 생산하던 것을 보아 왔기 때문에, 이 문제를 해결하기

위하여 물을 사용할 수 있지 않을까 하는 생각을 했다고 한다. 그로부터 5년간 기업이 성장하고 방향을 찾아가는 것을 지켜보았다. 3-4년 전에는 서울시와 함께 청계천에 스마트폰을 충전할 수 있는 간이 충전소를 세웠다. 스피커를 연결하여 음악을 틀기도 했다. 작년에 캠핑·휴대용 제품으로 킥스타터 캠페인을 통해 50만 달러 이상의 매출을 달성했다. 이노마드의 잠재력은 여기에 국한되지 않고 독립 청정 에너지 생산이라는 새로운 영역으로 나아갈 기회를 찾을 수 있다는 것이다.

에너지 생산 방식을 과거의 중앙 집중식에서 점점 로컬 생산화로 바꾸어 나가는 것이 최근의 추세다. 솔라에너지 같은 경우도, 지역 단위로 태양광을 설치하고 다시 한국전력에 재판매하는 형식으로 운영하고 있다. 클린 에너지를 생산하고, 지역 단위의 운영을 하는 것이 현 사회가 대면한 소셜 미션이라고 할 수 있다. 화력발전소와 같은 기존의 발전소가 재생에너지로 전환될 때, 민간 주도의 투자 시스템도 에너지 생태계 변화에 맞추어 변경되어야 한다. 다양한 재생에너지에 대한 적극적인 투자가 발생할 경우, 정부 주도의 에너지 생산과 투자보다는 사회 커뮤니티 내에서 에너지 문제를 해결하는 생태계가 생성된다. 박혜린 대표는 정말이지 끈질기게 이 문제를 놓지 않고 이끌어 왔다. 그가 하고 있는 것은 단순히 제품을 생산하는 것이 아니라 에너지에 대한 사고를 전환시키는 것이다. 이러한 끈질긴 근성과 시장 개척 정신이야말로 소셜벤처 기업가에게 필요한 특성이 아닐까.

Q : 해외 소셜벤처의 흐름은 어떠한가?

A : 임팩트 투자를 하다 보면 굳이 소셜벤처라는 명칭을 쓰지 않고도 소셜 미션을 위하여 제품과 서비스를 만드는 벤처들이 많다는 것을 알 수 있다. 미국은 분야도 다양하고, 제품도 다양하게 존재한다. 클린 에너지, 교육, 혹은 건강 등 그 분야에서 발생하는 문제들에 중점을 맞춘 곳들이 있는가 하면, 실리콘 밸리에는 캐이퍼 캐피탈(Kapor Capital)이라고, 여성 창업가나 사회 약자에 해당하는 창업가에게 투자하는 벤처캐피탈도 있다.

실리콘 밸리에서는 보통 스타트업을 오랜 시간 기다려 주지 않는다. 빠르게 시도해 보고 빠르게 실패해서 다른 제품이나 서비스로 옮겨가길 권한다. 하지만 제품-시장 핏을 찾아내는 데 인내가 필요한 제품들도 있다. 어떤 것이 맞다고 확언할 수는 없지만, 소셜 벤처가 소셜 미션이 있다는 이유만으로 시장에서 반응이 없는 제품을 끝까지 주장하는 것은 옳지 않다. 제품을 포기한다고 미션을 포기하거나, 의지가 박약한 것은 아니다. 사회 문제의 해결점에 다가갈 수 없다면, 빠르게 받아들이고 과감하게 시장에 테스트를 해 본 후 조금 더 객관적으로 제품에 대한 시장의 반응을 받아들여야 한다. 미션이 너무나 철두철미하여 실패를 받아들이지 못하기보단 처음부터 완벽할 수 없단 생각, 한 번의 시도로 성공하지 못할 수 있단 생각을 기반으로 빠르고 똑똑한 실패를 통해 학습을 하는 자세가 실리콘 밸리의 빠른 생태계에서 배워야 할 자세다. 그리고 실패를 통해 충분히 학습할 수 있도록 믿고 투자해 주는 투자 생태계도 필요하다.

Q : 소셜벤처의 성장을 위해 우리 사회에서 더 갖추어야 할 요소는 무엇이 있을까?

A : 문제 해결형 소셜벤처와 복지형 사회적 기업은 다소 상황이 다르다. 사회 약자를 직접 고용하고, 그들의 삶 속에 들어가서 일자리와 제품을 제공하려면 급격한 성장보다는 지속적으로 운영하는 것이 더 중요하다. 우리나라에는 이런 유형의 사회적 기업이 많으며, 사회적기업 인증을 받은 곳들은 대부분 그러하다. 복지형 모델을 통해 사회 문제를 해결하는 기업을 인증 방식으로 지원하는 것과 혁신 지향형 소셜벤처를 육성하는 방식은 모두 필요하지만, 약간은 다른 생태계를 필요로 한다.

한국 정부는 사회적기업 인증 제도로 취약층의 일자리 창출에 적극 투자해 왔다. 따라서 현재 국가 인증을 받은 사회적기업의 큰 특징으로 특수한 영역의 사회적기업이 자리 잡았다. 혁신을 추구해야 하는 소셜벤처들은 움직이는 방식이 달라야 한다. 큰 기업이든 작은 기업이든 혁신을 추구하지 않으면 살아남을 수가 없다. 하지만 사회적기업 인증에 따른 규정상 이익의 일부를 써야 할 용처가 정해져 있고, 과감한 연구개발(R&D) 투자가 어려우며 기업이 외부의 투자를 받는 것도 쉽지 않다. 때문에 혁신을 추구하는 소셜벤처들이 정부 인증을 받을 경우 대면할 위험 요소가 있다면, 정부의 지원에 의지하기 보다는 시장의 흐름을 따라가는 것이 필요하

"결국 고객에게 더 큰 가치를 제공하는 기업이
성장을 할 수 있다. 이때, 기업이 어떤 철학을 가지고
경영을 하느냐에 따라서 사회에서 의미 있는 존재가
되거나 사회의 생산적인 존재가 될 수 있다."

이덕준 대표
신용평가회사와 투자은행에서 일하며 투자와 금융 분야의 경력을 쌓았다. 2005년
G마켓에 CFO로 합류하여 다년간 벤처기업의 라이프사이클을 진하게 경험했다. 2010년,
실리콘밸리를 오가며 엔젤투자를 시작, 샌프란시스코 지역의 글로벌 임팩트 투자자들과
만나며 활동을 같이 하였다. 국내 임팩트투자를 개척하고 동시에 글로벌 임팩트 투자
영역에 본격 참여하기 위해, 2011년 디쓰리쥬빌리를 설립, 2012년에는 샌프란시스코에
지사를 열었으며 국내외 소셜벤처를 발굴하고 투자하고 있다.

다. 우리나라도 소셜벤처뿐만 아니라 일반 벤처도 아직은 그 다양성이 미국에 비해 적은 편이지만 계속 증가하고 있다. 이러한 추세가 잘 이어지고 계속 좋은 벤처들이 등장하기 위해서는 생태계가 필요하다.

벤처투자가들 중에서도 큰 규모로 소셜벤처에 투자하고 싶어하는 이들도 많다. 재단들도 이제 기부든, 투자든, 혁신을 창출하는 방향으로 사고 전환이 필요하다. 국내의 소셜벤처들에게는 우선 정부 지원이라는 문이 열려 있다. 하지만 다양한 이유 때문에 정부 지원을 받기에 적절하지 않아 사회적기업 인증을 받지 않는 곳들도 있다. 이들이 지속적으로 혁신에 투자하기 위해선 결국 임팩트 투자를 하는 벤처캐피탈이 필요하다. 에누마 같은 기업도 정말 좋은 제품을 만들어 내고 있지만 사실 그 과정은 아주 힘들었다. 임팩트 투자를 하는 벤처캐피탈이 존재하긴 하지만, 아직 그 수가 너무 적다. 미국은 그 규모가 아주 커지고 있다. 캐피탈이 자라면, 벤처도 자란다. 물론 소셜벤처가 많아져야 임팩트 투자도 늘어난다.

정부의 지원 제도는 민간 주도의 소셜벤처 생태계와 보조를 맞출 필요가 있다. 소셜벤처의 위험을 감내하고 투자를 하는 민간 투자자들이 있다. 이들에게 적절한 위험-보상 체계가 만들어지도록 유인책을 마련하고 진입 장벽을 낮춘다면, 소셜벤처 전문 벤처 캐피탈이나 사회적 투자 펀드 등 더 많은 민간 자본이 임팩트 자본으로 유입될 것이다. 임팩트 자본은 소셜벤처의 높은 위험을 분담하며 혁신 지향적인 생태계에서 생존할 수 있는 가능성을 높이는 역할을 한다. 그러면, 더 많은 창업가들이 사회 문제의 해결에 앞장서는 소셜벤처에 한걸음 더 다가설 수 있을 것이다.

더 단단한 다음 걸음을 내딛는 소셜벤처들
이새롬

내가 처음 알게 된 소셜벤처는 2010년 즈음 학교 벤치에서 도현명 선배가 이야기해 준 일본의 카이엔(Kaien)이었다. 카이엔은 자폐 성향을 가지고 있는 사람들에게 프로그래밍 교육을 한다. 자폐 성향을 가지고 있으면 프로그래밍 언어를 일정한 패턴을 가진 그림으로 인지하기 때문에 더 빠르고 쉽게 패턴을 따르지 않은 코드를 발견할 수 있다. 각 회사에서 개발한 소프트웨어의 초기 버전에서 버그가 발생할 경우 카이엔에서는 버그를 찾아내 코드를 수정해 주는 것으로 수익을 창출한다. 이 이야기를 들었을 때 어떻게 이런 발견을 하고 시도를 했을까 감탄했다. 나중에 이 소셜벤처가 자폐를 가진 자녀를 양육하고 있는 사람들의 시도에서 시작되었다는 이야기를 듣고서 고개를 끄덕였던 기억이 있다. 몇 년이란 세월을 인내를 갖고 프로그래밍 교육을 시켰다는 이야기는 무척이나 놀라웠다.

그럴듯한 스토리와 비전을 가진 기업은 많다. 그러나 혁신적인 해결책에 접근하는 수는 극히 일부에 불과하다. 끊임없이 자신이 살아가고 있는 삶과 사회, 그리고 기업의 역할을 고민하는 이들만이 결국 문제의 해결 방법을 찾아 나간다. 그 과정이 쉽고 순탄

하지도 않다. 선한 의도로 시작해 많은 사람들에게 지지를 받더라도 기업 운영에 대하여 알지 못하면 찾아오는 위기가 있다. 아무리 기업 운영을 잘해도 문제의 핵심을 깊이 이해하지 못하면 사회에서 외면 받기도 한다. 평생을 함께 할 것 같은 창업 멤버들이 미안한 표정을 지으며 홀연히 떠나기도 한다. 하지만 이러한 좌절과 실패 속에서도 몇 년이고 살아남은 이들은 무수히 많은 수정들을 두려워하거나 과거의 성공이나 실패에 얽매이지 않고 무던히도 앞으로 나가는 이들이었다.

우리는 너무나 많은 결론만을 바라보며 살아가고 있다. 기업의 재무 성과나 경제 시스템 속에서 만들어진 사회 약자들, 수없이 쏟아지는 벤처들의 성공과 실패들, 이러한 일련의 결론들은 과정이 가지고 있는 놀라운 감탄사들을 알아차릴 틈을 주지 않는다. 내가 만났던 끊임없이 새롭게 도전하는 소셜벤처 기업가들은 특별한 동기를 가지고 있기도 했고 그렇지 않기도 했다. 다른 분야의 전문 지식을 사회 문제에 적용하다 보니 혁신적인 방법으로 해결책에 도달하기도 하였고, 10여 년간 대면한 사회 문제를 묵묵히 바라보며 방법을 찾아내기도 하였다. 중요한 것은 결론적으로 '사회 문제를 완전히 해결했나? 그 기업은 수익을 창출했나?' 하는 것이 아니었다.

여섯 명의 소셜벤처 기업가와 두 명의 선배를 만나고 그들의 이야기를 정리하면서 보낸 1년은 내가 기업, 경제 체계, 사회 문제 등을 바라보는 관점에 큰 변화를 겪은 시간이었다. 몇 번씩 이어진 인터뷰에서 비즈니스 모델의 윤곽을 드러내는 기업들도 있었고 카멜레온처럼 모습을 바꾼 곳도 있었다. 겉으로 드러나지 않더라도 기업가들의 경험과 고민은 분명 다음 발자취에 고스란히 담겨 있었다. 격렬하게 고민하고 경험했던 흔적들은 또 다른 이들을 이 세계로 인도한다. 새로운 사회 문제에 관심을 기울이고 그 해결 방법을 찾을 수 있도록 안내한다. 이들을 만나며 나 또한 더 이상 결과가 아닌 과정에 조금 더 집중하게 되었다. 누군가 괄목할 만한 성과가 없어 상심에 빠지는 그 순간에, '그래도 발전이 있다'라고 말할 배포도 생겼다.

　　세상 속에서 사람이 세운 기업의 힘은 사람들과 함께 살아가는 방법을 터득하면서 더 강해지는 것을 느낀다. 소셜벤처에 대한 투자나 관심이 증가하면서 그 생태계가 더 단단해지는 과정을 우리는 목격하고 있다. 견고해진 생태계가 우리 사회의 더 많은 문제를 마주하고 소외되어 있는 분야와 사람들에 속속들이 손을 뻗길 바란다. 모든 기업이 사회 문제 해결에 집중할 순 없겠지만, 적어도 누군가 사회에 반하고 수익 창출에만 급급하였을 때, 올바른 방향으로 가고 있는가를 반문할 수 있는 기업들이 늘어나길 바란다. 그런 사회를 위하여 더 단단해진 다음 걸음을 내딛는 젊은 소셜벤처들의 내일을 응원한다.

기대 가득한 소셜벤처의 미래

도현명

몇 년 전, 경영전략의 아버지라고 불리는 마이클 포터 교수가 한 컨퍼런스에서 기조연설을 했다. 그 컨퍼런스에는 대부분 이름난 글로벌 기업들의 고위 임원들이 참석해 있었다. 포터 교수는 출강하는 대학에서 진행한 '졸업 후 가고 싶은 조직'을 묻는 설문조사 결과 1위가 TFA(Teach for America: 교육 불평등 해소를 위한 교사 양성을 하는 사회적 기업)인 것을 보고 놀랐다고 이야기했다. 그러자 많은 기업 임원들이 일어나 '자랑스러운 미국'이라며 박수를 쳤다. 당시 나에게 이 광경은 너무 생소했다. 사회적 기업을 가고 싶은 조직 1위로 꼽는 미국 명문대 학생들이며, 그것에 감동하는 경영전략 전공의 노교수와 그 이야기를 듣고 자랑스러운 미국이라고 박수치는 기업 임원들까지. 모든 것이 우리의 상황과 달라 심지어 서글프기까지 했다.

그럼에도 이 책을 마무리하는 지금, 여전히 우리에게도 희망이 있다는 결론을 내린다. 유럽이나 미국과 한국의 사회와 환경은 상당한 차이가 있고, 국내 소셜벤처 중에 눈에 띄는 성공사례는 여전히 충분치 않은 것이 사실이다. 그러나 젊은 소셜벤처 기업가들이 만들어 가는 꿈의 크기와 그들의 노력은 과거 마티외와 실뱅이 목격했던, 마이클 포터가 자랑스럽다고 하는 세계의 사회적 기업가들의 그것과 크게 다르지 않다고 확신하기 때문이다. 아니, 도리어 이 환경이 더 척박하기 때문에 그 안에서 살아남아 꾸준히 뿌리를 내리고 조금씩 꽃을 피워 가며 열매를 소망하는 이들의 생명력은 더 기대할 만하다.

당연한 이야기지만 모든 사람이 사회적 기업가가 될 필요도 없고 또 그리해서도 안 된다고 생각한다. 누군가는 여전히 정부에서, 기업에서, 비영리단체에서 또는 또 다른 사회적 기업에서 자신의 역할을 다해야 한다. 소셜벤처가 모든 이에게 소명의 방편이 될 수 없음은 당연하다. 하지만 사회적 기업과 그 저변에 대해서 우리가 알고 관계를 가져야만 하는 이유는 무수하다고 믿는다. 우리의 소비가 바뀌고, 여가 생활이 바뀌고, 봉사가 바뀌고, 결국 우리 삶이 바뀌어 가는 과정에서 참 많은 사회적 기업과 그 서비스나 상품을 만나게 될 것이다. 지금은 미약하더라도 점점 더 그렇게 될 것이다. 사회적 기업은 단순히 개개인의 도전이라기보다는 우리가 살아가는 이 사회가 최근 직면하는 시스템의 한계를 어떻게 극복해 낼 것인가에 대한 사회적 도전이기 때문이다. 그 도전에는 누구나 포함될 수 있고 포함되어야만 한다.

내가 일하는 임팩트스퀘어가 최근 가장 애쓰고 있는 일은 소셜벤처의 액셀러레이션(acceleration: 창업가를 선발하고 투자, 교육하는 것)이다. 정부의 사회적기업 육성법이 이루어 낸 가장 큰 업적은 전국에 사회적기업에 대한 씨앗을 뿌렸다는 것인데, 안타깝게도 그 이후 단계인 기업과 기업가에 대한 고민은 아직 생태계 안에서 희소하다. 이 책을 엮는 과정에서 젊은 소셜벤처 기업가들을 만나고 그들의 이야기를 들으며 다시 한 번 깨달은 것은 언제나, 무엇보다도 이 영역은 사람이 가장 중요하다는 것이었다. 이번 경험을 통해 향후 액셀러레이션 프로그램에서도 좀 더 깊은 소통과 사귐이 먼저여야 한다는 것을 실감했다.

소셜벤처의 성장은 그 소셜벤처를 이끌어 가는 기업가의 성장과 함께한다. 성장을 추구하는 사회적 기업, 즉 소셜벤처를 창업하고자 하는 청년이라면 무엇보다 스스로의 동기와 성장에 대한 고민을 먼저 마음에 정돈해야 할 것이다. 사람이 크지 않았는데 조직만 커진다면 그것은 비극이거나 큰 실패의 전조에 다름없다. 사람이 성장했다면 조직의 실패쯤은 극복하거나 얼마든지 다시 좀 더 나은 방향에서 새로 시작할 수 있다. 돈이나 상은 사람을 성장시키지 못한다. 수많은 소셜벤처들이 몇 푼의 지원금이나 투자금, 또는 상으로 성장의 푯대를 설정하는 것은 참 슬픈 일이다. 시장과 사회문제에 골몰하여 그들의 필요를 채워 가야 하는 소셜벤처라면 무엇보다 시장과 사회 문제의 논리, 스케줄에 따라 살아야지, 돈 얼마에 끌려다녀서는 안 된다. 네이버에 다니던 시절에 만난 좋은 선배들은 종종 그런 이야기를 했었다. "돈으로 살 수 있는 것은 싸다." 당시에는 비문처럼 들렸고 그 본의가 무엇인지 알지 못했다. 지금은 내가 그 말을 후배 소셜벤처 기업가들에게 끊임없이 나눈다. 우리가 투자하는 것은 돈으로 살 수 있는 무엇이 아니라 우리의 열정이고 시간이라고. 그것보다 귀한 것은 없다. 물론 생존이 엄습해 올 때의 두려움을 모른다거나 모른 척하자는 말은 아니다. 그러나 생존이라는 미명 아래 본질을 포기할 수는 없다.

사회적 경제에 대한 관심이 세계적으로 커지는 가운데 정부와 지자체는 과거 어느 때보다 소셜벤처에게 많은 관심을 보이고 있다. 기존 사회적기업진흥원이 속했던 고용노동부는 물론이고, 중소기업벤처부, 기획재정부, 행정안전부도 관련 영역에 담당자를 배치하고 긴급하게 학습과 정책수립을 진행하고 있다. 청와대에도 사회혁신수석이나 사회적경제비서관을 설치하고 곳곳에서 사회혁신기금이나 소셜벤처를 위한 지원 정책 등을 마련한다는 다양한 소식이 들려온다. 한편에서는 소위 물 들어올 때 노를 젓자는 말을 한다. 물론 우리도 이 관심과 지원이 기쁘고 상당한 기대를 품고 있다. 그럼에도 정부의 과도한 개입이 자생적 생태계를 파괴하는 일들을 수없이 목격했던 한 사람으로서 우려가 없을 수 없다. 무엇보다 소셜벤처를 키우고 싶다면 생태계를 먼저 키워야 함에도 정부 주도에서는 생태계가 항상 제외된다는 데에 두려움이 있다.

사막 한복판에 나무가 커졌다면 이는 요행일 것이고, 만약 요행히 크게 섰더라도 그런 일이 반복해서 생겨나 숲을 이루는 일을 바라기에는 우리가 소셜벤처에 거는 기대가 너무 크다. 소셜벤처는 말 그대로 벤처이고 기업이다. 그들이 시장이라는 거대한 에너지원에서 사회적 가치를 퍼 올려 희망의 녹지를 이룩할 수 있도록 돕는 손길로서의 정부의 조력을 기대한다. 씨앗을 몇 개 뿌렸더니 그중 몇 개가 싹이 텄는지가 아니라 결국 사막 같은 사회를 서서히 바꿔 나갈 숲의 진영이 몇몇의 덤불과 버섯 군락지, 때로는 썩어 넘어진 통나무 아래에서 자라는 이끼들까지 다채롭게 어우러지고 있는지 그래서 사막이 줄어들고 있는지 함께 고민할 수 있기를 고대해 본다.

　칼 폴라니가 외쳤듯 경제는 사회와 인간관계에 묻어 있을 뿐인데도 우리는 지금도 경제와 사회가 갈등한다고 이야기한다. 사회적 기업, 소셜벤처는 어쩌면 그 갈등이 우리가 극복하지 못할 거대한 벽이 아니라 충분히 도전해 봄직한 과제일 뿐이라는 사실을 암시하는 것이 아닐까. 그리고 우리가 살펴본 이들을 포함하여 다양한 소셜벤처 기업가들은 그 증명과 증거의 삶을 살아가는 것이 아닐까. 그들을 응원하고 지지하는 마음으로, 그리고 모든 독자도 그렇게 동참해 주기를 바라는 마음으로 글을 마친다. ●

도서출판 남해의봄날 비전북스 어떤 일, 어떤 삶 04

어떤 가치를 위해 어떤 일을 선택하느냐에 따라 우리 삶도 변화합니다.
다양한 분야에서 경력 10년을 넘나드는 젊은 직업인들의 생생한 이야기를 통해
원칙과 철학으로 삶을 더 단단히 만들어가는 역동적인 오늘을 만나보시기 바랍니다.

젊은 소셜벤처에게 묻다

어떻게 비즈니스로 세상을 바꾸는가?

초판 1쇄 펴낸날 2018년 2월 25일
2쇄 펴낸날 2022년 7월 1일

인터뷰와 글	이새롬, 도현명
고마운 분들	박원녕, 문정한, 허미호, 김경환, 김항석, 임정택, 김재구, 이덕준

편집인	박소희책임편집, 장혜원, 천혜란
마케팅	황지영, 이다석
사진	박성영
디자인	로컬앤드

종이와 인쇄	미래상상

펴낸이	정은영편집인
펴낸곳	남해의봄날
	경상남도 통영시 봉수1길 12
	전화 055-646-0512 팩스 055-646-0513
	이메일 books@namhaebomnal.com
	페이스북 /namhaebomnal 트위터 @namhaebomnal
	블로그 blog.naver.com/namhaebomnal

ISBN 979-11-85823-24-9 04300
978-89-969222-8-5(시리즈)
©이새롬, 도현명 2018